轻与重
FESTINA LENTE

姜丹丹 主编

后现代性的天使

［法］ 热拉尔·波米耶 著　秦庆林 译

Gérard Pommier

Les corps angéliques de la postmodernité

 华东师范大学出版社

华东师范大学出版社六点分社　策划

主 编 的 话

1

时下距京师同文馆设立推动西学东渐之兴起已有一百五十载。百余年来，尤其是近三十年，西学移译林林总总，汗牛充栋，累积了一代又一代中国学人从西方寻找出路的理想，以至当下中国人提出问题、关注问题、思考问题的进路和理路深受各种各样的西学所规定，而由此引发的新问题也往往被归咎于西方的影响。处在21世纪中西文化交流的新情境里，如何在译介西学时作出新的选择，又如何以新的思想姿态回应，成为我们必须重新思考的一个严峻问题。

2

自晚清以来，中国一代又一代知识分子一直面临着现代性的冲击所带来的种种尖锐的提问：传统是否构成现代化进程的障碍？在中西古今的碰撞与磨合中，重构中华文化的身份与主体性如何得以实现？"五四"新文化运动带来的"中西、古今"的对立倾向能否彻底扭转？在历经沧桑之后，当下的中国经济崛起，如何重新激发中华文化生生不息的活力？在对现代性的批判与反思中，当代西方文明形态的理想模式一再经历祛魅，西方对中国的意义已然发生结构性的改变。但问题是：以何种态度应答这一改变？

中华文化的复兴，召唤对新时代所提出的精神挑战的深刻自觉，与此同时，也需要在更广阔、更细致的层面上展开文化的互动，在更深入、更充盈的跨文化思考中重建经典，既包括对古典的历史文化资源的梳理与考察，也包含对已成为古典的"现代经典"的体认与奠定。

面对种种历史危机与社会转型，欧洲学人选择一次又一次地重新解读欧洲的经典，既谦卑地尊重历史文化的真理内涵，又有抱负地重新连结文明的精神巨链，从当代问题出发，进行批判性重建。这种重新出发和叩问的勇气，值得借鉴。

3

一只螃蟹，一只蝴蝶，铸型了古罗马皇帝奥古斯都的一枚金币图案，象征一个明君应具备的双重品质，演绎了奥古斯都的座右铭："FESTINA LENTE"（慢慢地，快进）。我们化用为"轻与重"文丛的图标，旨在传递这种悠远的隐喻：轻与重，或曰：快与慢。

轻，则快，隐喻思想灵动自由；重，则慢，象征诗意栖息大地。蝴蝶之轻灵，宛如对思想芬芳的追逐，朝圣"空气的神灵"；螃蟹之沉稳，恰似对文化土壤的立足，依托"土地的重量"。

在文艺复兴时期的人文主义那里，这种悖论演绎出一种智慧：审慎的精神与平衡的探求。思想的表达和传播，快者，易乱；慢者，易坠。故既要审慎，又求平衡。在此，可这样领会：该快时当快，坚守一种持续不断的开拓与创造；该慢时宜慢，保有一份不可或缺的耐心沉潜与深耕。用不逃避重负的态度面向传统耕耘与劳作，期待思想的轻盈转化与超越。

4

"轻与重"文丛，特别注重选择在欧洲（德法尤甚）与主流思想形态相平行的一种称作 essai（随笔）的文本。Essai 的词源有"平衡"（exagium）的涵义，也与考量、检验（examen）的精细联结在一起，且隐含"尝试"的意味。

这种文本孕育出的思想表达形态，承袭了从蒙田、帕斯卡尔到卢梭、尼采的传统，在 20 世纪，经过从本雅明到阿多诺，从柏格森到萨特、罗兰·巴特、福柯等诸位思想大师的传承，发展为一种富有活力的知性实践，形成一种求索和传达真理的风格。Essai，远不只是一种书写的风格，也成为一种思考与存在的方式。既体现思索个体的主体性与节奏，又承载历史文化的积淀与转化，融思辨与感触、考证与诠释为一炉。

选择这样的文本，意在不渲染一种思潮、不言说一套学说或理论，而是传达西方学人如何在错综复杂的问题场域提问和解析，进而透彻理解西方学人对自身历史文化的自觉，对自身文明既自信又质疑、既肯定又批判的根本所在，而这恰恰是汉语学界还需要深思的。

提供这样的思想文化资源，旨在分享西方学者深入认知与解读欧洲经典的各种方式与问题意识，引领中国读者进一步思索传统与现代、古典文化与当代处境的复杂关系，进而为汉语学界重返中国经典研究、回应西方的经典重建做好更坚实的准备，为文化之间的平等对话创造可能性的条件。

是为序。

姜丹丹（Dandan Jiang）

何乏笔（Fabian Heubel）

2012 年 7 月

献给让-弗朗索瓦·利奥塔(Jean-François Lyotard)

献给曼哈顿(Manhattan)

目　录

白天使

2

黑天使

现代性-后现代性

"不会有前途!"

我梦想要改变世界的时候,却体会到深深的无力感。任何抗议都徒劳无功,因为我不知道是什么指引着历史的方向。我真的会脱口说出这句话! 我不明白整个世界到底是怎么了:地平线仿佛被混凝土封住了一般,未来裹足不前。让-弗朗索瓦·利奥塔①所谓的"后现代主义"应该就是指对现实活力的想象困难。该词并非发端于他。早他几年,一些建筑师

---

① 让-弗朗索瓦·利奥塔(1924—1998),法国当代著名哲学家,后现代思潮的旗手之一,解构主义哲学的杰出代表。代表作有《现象学》、《后现代状况》、《力比多经济》等。他从语言学入手深入论证了西方文明元话语(metadiscours)的衰败消逝以及由此引起的"叙事危机"和知识非合法化情境。——译注

发明了它,用来指代建筑上不同风格与时代的混搭。后来,这个概念在他与哈贝马斯①和罗蒂②的论争后逐渐明朗起来。后现代主义就是这个时代本身,这个时代的人丧失了对于一个好听的将来的热情,不论这个被许诺的将来是在生前还是在死后到来。对人类不断完善自身的希冀逐渐消失了。根本就不再有人操心这事儿。

这与"现代的"思想和行为多么扞格啊!从 18 世纪到 20 世纪,我们一直满怀热情,不断追求人类的解放。不断进步的观念逐渐取代了人类因亚当犯错而赎罪的基督教叙事。无论是通过科学战胜无知,打碎封建的锁链,终结资本主义的剥削,还是正相反,通过寄希望于相同的资本主义来战胜贫困,反正每一次都创造了一段历史,每段历史的尽头都应该是幸福和自由。即使有时候这些理想彼此对立,它们也都是一神教热土的产物,只顾做出进步和时间终结的许诺。

而"后现代主义"不再让人相信这些美丽的理念。它甚至

① 尤尔根·哈贝马斯(Habermas, 1929—),德国作家、哲学家、社会学家,法兰克福学派二代旗手。其著作浩繁,主要著作有《公共领域的转型》、《理论与实践》、《交往行为理论》、《现代性的哲学话语》、《后形而上思想》等。其成就巨大,在多个领域影响深远,被公认是 20 世纪下半叶最伟大的哲学家之一。——译注

② 理查德·罗蒂(Rorty, 1931—2007),美国当代哲学家、思想家,新实用主义哲学主要代表。重要著作有《语言学转向》、《哲学与自然之镜》、《后哲学文化》等。——译注

都不反对它们。现存的这些理念宛如一盘散沙，没有任何一个能够主导局面。过去这些年革命希望的破灭已经歪曲了一切解放运动的意义：以它之名进行的镇压与对它的镇压一样都成了错的。革命者的应许之地在抵达的一刻消失了。革命者在抵达应许之地的边界之际自己离去了。离它近了，他的双脚却变得飘忽起来。某种把他往回拉的力量使他的脚步越来越慢，直至完全停下。他的天堂得以保全。再没有人能认识这个伊甸园，因为靠近它的人变轻了，解体了。还是别想什么明天了吧！"知识分子"的称号变成了骂人话，甚至进步的概念本身也引发了日甚一日的质疑。后现代世界不仅仅摆脱了叙事，还更进一步摆脱了对叙事的乡愁。理想的缺位并没有变成新的理想。昨日的理想被敬而远之，成为富有异国情调的学说，文化旅游的资源。一个新的理想即使出现，也会因为与老理想的亲缘关系而注定名誉扫地，在它的诞生地结不出任何果实。然后，它就迁走了：少数族群的亚文化变成其他群体的文化，要么换个阶级，要么换个国家。不管是摇滚风格，还是同性恋，亦或是朋克，后来都变成了郊区文化或者"金色青年"①文化，丧失了它们的灵魂和理由。

---

① 金色青年（golden boys），法国大革命时期由富家子弟组成的反革命青年组织，参与了热月政变。——译注

5

现代性清空了理想的天空,要在地上实现它们。现在,后现代性则拒绝接纳这些还俗的孩子。我们不再相信它们了。那相信什么?不知道。今天,你可别再鉴古知今,憧憬什么美好的未来或者无尽的终极。过去,社会生活在某种世界末日来临的压力之中。压力使每个人精神都绷得很紧,不管他是否是革命的实习生,也把每个人置于等待的状态,不管他是否是耶稣复活的信徒。今天,现在则通过不断地消耗自己的遗产推动自己向前,得过且过。它通过否认上一刻的自己而前进,在这点上非常忠实于科学,科学本质上就是对确实性的否定:青出于蓝而胜于蓝。青色遮盖了蓝色,人不再是使者了。没有了可以传承的理想,人人都生活得好像自己是世界上最后一个人。一个人要理解和享有继承的东西,他就有义务把继承的东西传下去。可是以什么名义呢?作为使者,我们现在还不知道自己的使命,除非我们正在传递这个使命。

没有你,我的遗产保持在休耕状态。我对于未来的想法比对今天的想法还要少:我把这些想法赶走了,留给我的只有虚无。再没有什么比这种虚无更沉重的了:为了摆脱它,我跳跃,我嘻哈,我健美,我健身,搞定!我住在我的身体里,以后再追求你,我会抓住你的,我自己解决,我回到你身体里,我自我穿越:我的天使翅膀就是这样慢慢长出来的。

随着后现代主义的到来,生活在越来越不同的世界里的

6

人们之间,有两个裂缝迅速地变宽了:前现代的实践者(信教者)继续反对现代人(世俗化的宗教),与此同时,后现代的虚拟性(眼前空无一物)甚至懒得再去搭理它的两个前辈。部分人继续有意识地信奉某个理想,不过其忠诚却不一定要达到"扯证"的程度,而只是用相关的信仰来组织生活。这有可能是一个"前现代的"理想(宗教的),也可能是一个"现代的"的理想,不管他信奉的是进步,还是革命。前现代主义者和现代主义者之间的裂痕一直是冲突性的,比如在法国,每次涉及学校究竟是世俗的还是宗教的时候,都是如此。现在,又出现了另一条鸿沟,一边是前现代主义者和现代主义者打包,另一边是那些主张根本就不必有什么理想的人(后现代主义者)。这第二条裂缝更加隐蔽,因为后现代主义者甚至都懒得去斗争,任凭自己被车头里连司机都没有的列车裹挟而去。

在与理想的关系中,身体的地位在从现代主义——抱有明确的理想——向主张抛弃任何理想的后现代主义的过渡中发生了变化。身体曾一直以理想为燃料,未来它的命运如何?如果它不在自身的火焰中燃烧自己,它又将被什么燃烧殆尽?宗教的迷宫和进步的挂钩一前一后把我们带到了今天这样一种灾难境地。我们可以视理想的失落为灾难,因为正是理想有如星辰,为在海上、山巅、城市荒漠中的人们指引着方向。只是指指路也很好啦! 因为实际上,理想点燃了身体! 现在,它们的出路在何方?人类身体的形成源于一个其无法控制的理想:其真实性取决于他人。可是他人也一样啊!出于习惯的力量,他人,始终是他人:他存在于自身之外,这是他的力量。人总是假他人之手,栖居于这种治外法权之中。

美好的理想使身体脱离了自身,而理想的缺失则可能败坏一个文明。奥匈帝国崩溃之后,自杀率不断走高,生育率却持续降低;军事失败和文化去势对北美印第安人的衰落所起的作用不相上下。这样的例子不胜枚举。理想自上天发布律令,把肉体锚定在大地之上。如果锚绳被砍断,被简化成一堆功能集合的身体就会分崩离析。因为只有理想,虽然是虚构的,却是有效的,才能把它们捏合成一个整体。而现在,被拆散的身体,数量众多,直率透明,它们燃烧着,四处游荡。

可是,在身体与理想之间真的存在着这样一种关系吗?身体类似物质。可是,如果没人跟它说话,它就长不大。把它与同类隔绝,不让它与它们共同谋划或者跟它们作对,它就会日益衰弱。如果它的爱与梦想被剥夺,它的生命就将干枯。这些细细的线把它与别人联结在一起,支撑着它的五脏六腑,它的肌肉,激活了基因、矿物质、各种酸、各种酶。一旦这些线断了,它就会衰弱下去。一个外在于身体的因素钓着这个有机体,拉着它向前。它被设计得如此之妙,以致我们以为,只要有了食物,它就可以运转。不过,这个装备了集成电脑的美丽机器却不能控制自己:一旦梦想的燃料匮乏,它马上就趴窝。都说人睡觉的时候是孤独的。根本不是！每个织就的梦都在共同的梦上捻线,用分享的各种象征编织着自己。今天,这个共同的梦被宣布为过时了:别做梦了！一些法律似乎就是这么说的。

　　然而,如果从头说起,我们其实就生活在那些希望我们出生的人的梦中。正是在那里,在我们之外,我们发芽,然后学习生存。时至今日,我们的身体对我们而言依然是一个概念。我们只不过是它程序合法的承租人:我们天天找它的碴好收回这个血肉之躯的快感。我们乞灵于镜子、爱情、别人的目光:我们只有通过这样的中介才能"存在"。庇护我们长大的房子在我们之外。我们有两副皮囊,一个为梦想,另一个我们拖着,也拖着我们。我们梦想的身体是人类的真。另一个不过是无法独自生存的动物。前一个应该钓着后一个,拉着这副本性迟钝懒惰的臭皮囊,前往它无法洞悉的前方。身体之真实,正如主宰机体的梦想之虚幻。孩子若不梦想长大,则无法长大。他的细胞可能继续分裂,革囊①可以膨胀、增大,里面却一直住着一个小矮人。

---

　　① 《四十二章经·第二十六章:天魔娆佛》:天神献玉女于佛,欲坏佛意。佛言:"革囊众秽,尔来何为？去！吾不用。"中华书局,2010 年,第 54 页。——译注

9

不能思想的身体是精神之物, *cosa mentale* : 它使思。我们学习说话, 我们说的语言本来就是一门外语: 我们每一次张嘴, 它就把我们往外拉, 就像把蜗牛从壳里揪出来。这门语言始终是妈妈的语言, 它拐弯抹角, 信口开河。我们的身体就像猥亵的小蜗牛, 首先是她的欲望之物, 是她的阴茎, 这个她从未拥有过的东西。在这种先验的治外法权之中, 我们只是保留了一个对自己身体的概念。柏拉图第一个认识到这个概念的虚位统治 (règne vide)。困扰人类的根本的虚无主义正是源于这场爱欲与人类的初次相约, 与死亡冲动的协定就此签订。

死与生在我最初的爱欲中是比肩而立的。我正是为此才说话: 言语大声地梦想能够向我保证一种超越于此形象之上的存在。它确保了一个超越表象的彼岸。理想就是这样航行的: 它们把身体迫在眉睫的毁灭挡在安全距离之外。人类通过谈论超越身体的梦想而存在, 类似人生传奇这样的宏大叙事使人类之舟不致倾覆。作为贴身卫兵, 叙事构筑了岗哨: 它们在最前沿支撑着每一个体的存在。不存在集体无意识, 但是集体的虚构陪伴着每一个无意识的有效性。虚构重塑了过去, 勾画出一个伊甸园般的将来。身体就这样装满了理想, 双脚因为自己的梦想触到了大地。它在时代的信仰和宗教中找到了安身立命之处。

身体的症候在社会中的地位,随时代的虚构而变化。比如路易丝·杜·内昂(Louise du Néant),这个18世纪的法国神秘主义者,给自己施加了各种可怕的痛苦:受冻,挨饿,羞辱和鞭答。她把自己献祭给上帝,这种做法符合她生活的世纪的信仰。人们认为这种疯狂完全是出于信仰,不会有任何医生表示异议。放在今天,只需听一耳朵,一个精神科医生就会作出谵妄性忧郁症的诊断。他不会从痛苦中看到一种甘愿为上帝牺牲的精神,只会把它看作是一种打着超我名义进行的受虐色情狂表演。关起来是必须的,症状这么严重,安定药也必须吃上。从中不是很容易看出一个身体为"理想"而燃烧的社会与被剥夺了所有理想的社会的区别吗?

所以,主观性需要叙事,需要对历史的忠诚:这不是什么愚忠,因为这是对理想化的历史的忠诚,不仅仅是与过去保持一致。假如我们遵从昨日的规范,遵从今天通行的道德,遵从团体、种族、国家的指令,我们或许会坚如磐石。不忠比因循守旧忠实些,总是会让更美的理想萌芽!我们这些叛徒,看吧,我们多么会前进呀!看吧,我们是多么擅长左右一个时代的运动。

社会关系的力量产生于对共同信仰的分享:你与我怀有一样的梦想,你为我打开了时间的大门。如果我相信你相信的,我空荡荡的身体就仿佛有了着落:它因为共同拥有的信仰扎根于大地。共同的理想与压抑成正比:它许诺了一种将在未来得到补偿的享受。人类存在的虚无催生了神话,使我们只是短暂拥有的身体有了根基,虽然这根基是有条件的(某种可能会被以童话形式说出来的东西:"从前有……"然后呢?……不重要,因为不管后续如何,我们至少已经赢得了一个身体)。

可是现在,我与你不再拥有任何共同的梦想:联结断了,我飘浮不定。天上,天使以我为蓝本描摹自己,带给我极乐,这都是独角戏:这意味着我不再分得清真实和虚幻。我不再醒来;梦一直盯着我,不再放开我。我只能用不睡觉作为反抗手段才能从它手里逃开,让昨日重现。到处,在所有的公共场所,梦电视我,手机我,互联网我,万维网我。我自己也一样,我去往别处,别处:我照相,录像,录音,刻光盘。我想象着总有一天会用得到储存的所有这些图像和音频。我会对某人说:"你看! 这就是我到过的地方,虽然我并没有在那里存在过:我什么都没听见,什么都没看见。我太忙着记录一切好给你看,我不在场。在时间中的运动使我从当前的空间中消失了。我变成了自己生命的游客,自我存在的博物馆的参观者。一切都变得富于异国情调:文化,性,第三世界,倒错。我用超脱于世的目光打量着世界。死之前我早早就把身体托付给了医学:它的悲喜都刻在身体上,而且似乎与你无关,朋友。每时每刻,我都觉得自己的思想不是自己的:媒体一直不停地代我思考。若我放任自流,我的生活可能就彻底变成虚拟的了。到处都有人向我展示幸福是什么:在我之前,其他人都得到了,就好像这真是我似的。这就是我的虚拟共产主义,我在世界上的外在,我是最后一个人,还是第一个人——到时候就知道了。"

天使的变身

根据三大天启宗教①的说法,天使在至高无上者、无名无形者②,即不可企及者(absconditum)面前为人类求情。尽管上帝是造物主,自己却从来不是被创造出来的,而且没有什么可以指称他的名。关于他,人们只能说他不是什么。若是我们想避开某种纯粹否定的神学,那么一种肯定的神学就需要天使介入人与上帝之间。无法称名的不可企及者通过他的使者示现。天使投一束光于上帝以其不可知性而赦免的神圣绝对之上:他通过各式各样的显灵彰显了神圣面孔的奥秘,与此同时在在场者的心中制造了一种永恒性的迟到。这一迟到驱

---

① 指犹太教、基督教和伊斯兰教三大一神教。它们都奉亚伯拉罕为祖先,也称亚伯拉罕诸教。——译注

② 指上帝。——译注

使人类迫不及待地进入历史的演进之中,而且历史一俟天使化身示现就止步不前。既然缺陷似乎被废除了,那历史为什么还要继续?先知的哲学正是用这种方式论证了天使的必要性,这是宗教中典型的本末倒置。因为襄助我们的天使并不是不可企及者的使者,而是另一些我们,保护我们免受无意识(不可企及者的世俗说法)的打扰。我们真切地感觉到一些与我们相似的实体生活在这个世界上,特别是在童年,我们对此尚保持专注的时候,这种感觉更强烈。他们就在那儿,近在咫尺,尽管完全外在于我们:这是不可企及者的神圣世界,无意识的外围。

天使,就是另一个我们!圣经神话以颠倒的方式呈现出无意识的不变量:离开伊甸园,我们幻想过父亲的死,通过同样的行为我们与自己的天使本性分离。居住在为不可企及者划定边界的想象世界(mundus imaginalis),天使正是我们的理想兄弟,天真的亚伯,被我们(你和我)这些该隐①杀死的亚伯,在很早以前的童年时期。离弃我们的天使本性使我们进入了欲望的世界,意味着我们否定了这种把身体一分为二的天使主义。我们一直在杀死天使或者类似的东西:首先是我

---

① 该隐与亚伯为亚当与夏娃之子,该隐为兄。他因上帝接受弟弟的燔祭而不青睐他的,大怒,后杀弟,并对上帝撒谎,遭到惩罚,漂泊他乡。该隐被视为人类历史上第一个杀人犯,也是第一个弑骨肉者。——译注

们的兄弟,然后由亲及疏杀死所有美的东西,直至无争的动物,它们生活在与自己无分别的身体之中,我们本也可以像它们一样的。对唤起天堂记忆的一切进行的杀戮泛滥开来。该隐的行径感染了全世界。

而我们,鲁钝地梦想着天真,和我们的天使谈论着天真。根据《摩西五经》①中的说法,我们每个人都被自己的守护天使保护着,他指引我们循正道,在上帝面前为我们求情,而且向我们透露神的奥秘。你也有自己的天使,即使你不知道他的名字。我们交谈,就是在向他倾诉。有人倾听我们的思想,我们行动,就好像他真的存在一样,尽管他的在场没有任何肉体的证据。我们至少拥有这个天使,甚至有的时候还有好几个,穿花蝴蝶一般在我们周围飞来飞去。

亘古以来,天使们隐身在理想的岚霭中。一个天使时刻陪在我们身边;我们不知道他的存在,但他就在那里,近在咫尺;他在镜子里等着我们,他说:"这就是你!"我们有一个身体,毫无疑问。但是,它长得像啥? 这就是总让我们惊奇之事。动物没有天使,认不出它们自己的形象。世界也是一面镜子,爱也反光、修复。假如天使抛弃我们,我们就会无缘于

---

① 指希伯来圣经最初的五部经典:《创世记》、《出埃及记》、《利未记》、《申命记》、《民数记》,为犹太教经典中最重要部分。——译注

16

世界之美,爱之幸运。是隐身的天使开启了它们。

我们的天使,是被我们驱逐出去的我们的一部分,这就是为什么无人能看到他的原因。我们压抑了他,他消散在理想的岚霭之中。"岚霭"! 多么漂亮的说辞,简直像出自诗人之口! 然而,诗人是不自知的谋杀者:他的文学,正是天使飞走之后留下的草蛇灰线。

消失在霭蓝之中,天使把一个身体为何的秘密带走了,他是唯一在镜子前能够说出身体密码的人。天使没有背弃我们,我们赶走了他,相比他的永恒,我们更中意我们此在刹那的闪亮。我们摔上了他可怕的伊甸园的大门。就这样一刀两断,没有人能看到我们身上的天使部分。曾经是我们的那个天使继续走在我们前面,为我们打开世界,代价就是我们和他分开。他的手指继续触摸感性,以成为它。他先于所有物质性打开表象的大门。正是在此意义上,莱内·马利亚·里尔克①在《杜伊诺哀歌》中这样描写天使:"……他就是那个造物,在他身上,从可见到不可见的变形赫然已经完成。"不可见如何能被感知,既然基于可见的变形已经彻底完成? 因为不可见是照亮可见的光。一头动物认不出它的形象,因为这不

<hr />

① 里尔克(Rainer Maria Rilke,1875—1926),奥地利诗人,20 世纪最伟大诗人之一。代表作为《杜伊诺哀歌》《献给俄尔甫斯的十四行诗》。——译注

可见隔开了它和自我。与认不出自我镜像的动物相反,我们在反射中沉思自我的迟到,在无限的距离中认出自己。被感知的一切置我们于相同的无限性中:这种缺席的无限性昭示了我们在此世界的在场。

不止如此! 一旦和天使分开,我们就无法见到自己了,我们自身的表象总是让我们惊奇。为了我们自己身体的复活得以完成,我们驱逐天使的过错应该被原谅,就是这个梦想在我们的理想深处成为岚霭。以至于到了今天,在我们的理想萎缩、磨灭到一无所有的时刻,直到此时,一直在流亡的天使,重新回到身体。岚霭消散,他就在那儿,扑在我们身上,化成了我们,在他可怕的伊甸园里再次呼唤我们。与他们的天使分身合体的身体从此被铅封在肉身的当下。

这些双脚继续行走在地上的天使将有怎样的生活? 既然他们自己就是一个理想,是被他们自己的梦想穿透的身体,是在他们生活的大海上游弋的丧尸,他们会没有理想地活着吗?

天使,在生命开始之前就已经是我们,是天上的阴茎,如愿以偿的,尽情地享用着这种无限性。当我们在这种外时间(hors-temps)相聚的瞬间,生命与死亡等价。我们这些天使,我们是不死的:我们逃脱了死亡! 但是,所有人都知道我们会像以前一样死去,因为无人能逃脱生命的大限! 没错,身体无法逃脱他们的命运,不过,您并不明白:这是因为死亡丧失了它的意义。它再也不想说什么,它简化成一种生理消耗。直到昨天,它还代表了生命结束之外的另一种奥秘:它的名字意味着与存在须臾不离的虚无。过去,理想正是对着这一虚无说不。现在,死亡的意义消失了,生命本身也因此变成荒诞。生之永恒或死之无限,其实是一回事,这是相通的。一分钟的无聊与永恒等值。生命萎缩,死亡也缩小:哀悼的仪式简化了,而死亡,如生命一样,也退却了。

看看多可笑吧:某些科学家如此痴迷于这个白日梦,竟然以为他们已经发现了永生基因!不是有遗传学家宣称他们掌握了长寿的秘密并可以推迟死亡的到来吗?说的好像生命可以任人摆布似的!好像症状不会损害个人似的,它用车轮碾过欲望的每一面,直到个人自己要死去,因为已经活够了,因为这样才完满,因为他的人生已经完成。因为不到终点将不会有安宁,因为安宁的时刻终于来到。

弥留之际,天使们正好离开他们的身体。他们不在那里已经太久了!他们什么时候真正死去?当他们放弃生命的时候,这不是已经发生很长时间了吗?还活着的时候,他们就已经在空中,在最后的时刻,火葬让他们飞走了,在天使的天国中重逢。虽然数量日众,他们却拒绝地下安息,他们很久以来对那里一无所知。安息的土地,易碎的死者的土地,虫子和植物的密友,这个身体将不会变成这种可能赋予过生命的腐烂物。它应该可以再往前一点:小虫,蘑菇,显微镜才能看得到的卵子,孢子,这些可能都会是它。可是不,直到最后,他都会是纯洁的,在他的纯洁中兀自湛蓝着。

理　想

这些理想先生们是谁呢？这些离弃我们而又如此风度翩翩的人物究竟是何方神圣？他们源自一种高明的手腕，目的在于调伏俄狄浦斯情结，尽管这个愿望完全不可能实现。他们安顿压抑的"残余物"。"理想"呈现一种无意识欲望（即压抑）创伤性特征的倒错。举个例子，一旦被置于俄狄浦斯情结的严峻考验之下，父亲就变形成为神圣的理想性。还有，或许在童年时期，出于偶然，您可能会有娶母的想法，您不必为此担心：理想会搞定这一切！他很快会向您推荐一个女人，恰恰是您心底里希望母亲曾经是过的样子，即是处女。别惊慌：您不会认出她来，因为在您看来，想要一个妻子的愿望是非常自然的！只是这个您说给自己听的美丽的虚构如果不被大的集体虚构所替换，可能永远发挥不了它最大的效能，因为集体的虚构美化并铸就了整个叙事。您惊人的家庭传奇只是多亏了一个庄严的形象才前所未有地顺风顺水,这就是圣母玛丽亚①的形象。它的纯洁性统治了西方人的爱情幻想。

神话颠倒了无意识欲望的牌面,我们却完全被蒙在鼓里:它扰乱男孩子们的头脑,却能一直制造出这才是真相的强烈效果。举个例子,您相信自己读到的是,亚当赋予了夏娃生命?但是并非如此,再读得仔细点:恰好相反!按照准确的翻译,"夏娃"(Ewa)的意思不是"所有活人之母"吗?所以她当然也是亚当的母亲——可怜的亚当——是他给我们讲了这个不太靠谱的故事:他生下了自己的妻子。这样颠倒黑白不啻于乱上加乱,与压抑擅长做的一个样。因为有了这样的倒错,才有了此后六千年对恶之本源、蛇、魔鬼、洪水、救世主降临等等的讨论。事情不是明摆着吗?只要把神话恢复它的本来面目,恶的本源一目了然,那就是对母亲夏娃的乱伦欲望。宗教叙事压抑的正是此欲望。信仰的暴力与压抑的力量适成正比。同理,至少自让-雅克·卢梭以来,"自然"构成了一个有效的理想:它暗示了一个没有承受过压抑的纯粹身体的存在;大量当代人把精力都花在了这个身体上,通过周末、度假、美食、环保等方式,所有这些活动都是为了恢复自我的纯粹性。

---

① 按基督教说法,圣母玛丽亚虽然生了耶稣,但依然是处女。——译注

22

等我们把这些尊贵的先生们看得更清楚些,他们就没那么高深莫测或者高不可攀了,只是一些活跃的表现,个人没有意识到而已。压抑作用经常推动理想化变本加厉,从而把相关角色彻底非实体化。于是,永恒的父被宣布为不可表征的,或者与俄狄浦斯情结相关的感情都被抬高到神圣概念的程度:爱情,感恩,博爱,慈悲等等。这些感情也趁机摆脱了本来具有的性意味。借助于压抑的力量变成概念之后,它们却并不是升华作用的注脚。一边是享乐,人认为他在伊甸园期间丧失了,一边是身体在彻底终结之时复活的希望,二者之间首鼠两端的人类梦想着一个借助爱情与博爱这两个宏大理想而失而复得的天堂。自一神教诞生以来,这两个理想就突出在历史的天空之上,设定了时间的开始与终结。

然而,这些先生们对我们隐藏了最根本的东西:理想始终与自我维持着或多或少的弹性关系。主体自己给自己在前方设置的活着的理由源于他的自恋:所以,有时候他宁愿去死,也不愿意放弃自恋。一旦理想跃然登场,这种固有的自我中心就消失了:它们一出场就如此美好,人们都忘了它们与我有关的普通出身。人们再也看不见一个事实:理想,这个本质上有点粗野的滑头,可以把自我玩弄于股掌之间。弗洛伊德一直把"自我"这个词与"理想"这个词并提,他一方面识别出"理想的自我",它把主体向后拉,它是主体因爱欲本应该成为的完美身体,是主体因为母亲的要求被勒令认同的身体。另一方面,是"自我的理想",它拉着主体向前,它是他日后竭力迎合的父亲的理想。他为了逃避母亲的要求而自我认同于父亲。可是第二种认同意味着取代父亲的位置,因此代表着象征性的谋杀。从坟墓的深处,父亲把死亡冲动从母爱的无限性中拯救并把它转换成对父亲的谋杀:正是对父亲的亏欠促使主体开始梦想自己的错误在未来能得到救赎。被他本应成为的东西往后拽,被他的梦想拉向前,人类的身体犹如一首航船,努力载着船艏的压舱物鼓帆前行。处于这两种要求的交叉点上的身体呈现出明显的症状,被困于机体的享乐与社会生活的命令之间。

左右为难的个人在自我的两种要求之间分裂了,因为一个要求让他回到过去,一个要求让他走向未来。伟大的解放理想只属于第二个要求。自我的理想抵抗并消解了理想的自我的要求,但是反过来却不行:理想的自我不能平衡自我的理想的矛盾,后者只能在社会关系中得到解决,主要是通过宗教叙事及其祭祀实践。换句话说,我们可以履行对父亲应尽的义务,但是欠母亲的债务始终无法还清(请打电话给您的母亲,她会再次提醒你这点)!

理想的自我(本该有的快感)和自我的理想(期望的快感)之间的张力确立了主体在过去和未来之间的时间性。这种时间性的方向性很刻板,这种空间布局(disposition spatiale)对于理解当代某些政治特征非常重要。理想的自我构成了一个固定点,一个无法触摸的源头,与此同时,自我的理想拉着向前,为了逃避前者向前猛冲。然而,在后现代性中,理想的坍塌只涉及那些转向未来的人,正是因为意识到其角色的重要性,我们以后所有的理想第一个字母都大写①(今天堕落的理想,是自我的"理想")。如此一来,如果进步主义的"理想"坍塌了,就再没有什么东西可以制衡向过去的退行了:"理想"的自我大获全胜,一起获胜的还有它的自给自足以及乱伦的梦想。

过去,在天地之间,在塔纳托斯②和厄洛斯③之间,在"理想"的自我和自我的"理想"之间,身体找到了立足之地。可是,现在,身体飘荡在哪个空间呢? 退回到理想的自我强化了同类之间的侵略关系,加剧了暴力和剥削的程度,因为它同时

① 后文中,我们通过给理想加上引号来表现大写字母的含义。——译注

② 塔纳托斯(Thanatos),古希腊神话中的死神,睡神修普诺斯(Hypnos)的孪生兄弟,母亲为黑夜女神尼克斯(Nyx)。——译注

③ 厄洛斯(Éros),古希腊神话神祇之一。起初被认为是参与世界创造的一个原始神,在赫西俄德的《神谱》中,他是爱欲和性欲(包括异性和同性)之神,是生命源动力和自然创造力的化身,黑夜女神尼克斯的兄弟。柏拉图之后成为爱神阿佛洛狄忒之子。后来精神分析学派用塔纳托斯和厄洛斯分别象征死亡本能和生命本能。——译注

夺走了本可以为反对剥削提供一个斗争理由的理想主义武器。

向理想的自我的退行使与感觉相似的冲动性的身体漂浮不定:它既是一切,又一无所是。它是一切,因为它回应了母亲让它作为自己阴茎替代物的需要,它又一无所是,因为它没有阴茎。波动于存在与虚无之间,身体寻找着它的系缆,乱伦天使般的系缆,却找不:如果它还是一个天使,阴茎的虚无就将吞噬它,对每个想在存在中坚持的主体而言,求生的战斗打响了。在他身上,两种矛盾的力量互相冲突,一种可能消灭另一种,并在胜利中将它吞噬。如果不把自身虚无的部分投射到某人身上,还能怎么做?

一个战争天使就这样在后现代的地平线上站了起来。一个绝望于寻龙之旅的圣米歇尔。任何天使少了他的撒旦分身都无法幸存:当虚无从内部窥伺着你,威胁要让你自己不认识自己时,你要想起这个异己者①,然后祝福他,他可以替你背负这个重担,即你憎恨的那部分自己!异己者为你卸下了一半的自己,爱欲中属于死亡冲动的一半,这种暴力,冲动的身体总是被匿名的牙齿威胁着、被声色香陶醉着的那个部分。如果不把这虚无投射到异己者身上,那要如何在冲动退行的

---

① 指撒旦分身。——译注

眩晕中坚持存在？异己者就这样变成了城邦的燃料,它的隐秘中心! 存在天使与异己者相互依存。当它宣扬纯粹性(种族的纯粹,医学范畴内卫生学的纯粹,意识形态生态学①的纯粹)的时候,一个身体就会因仇恨而闪闪发光,前所未有地像天使。仇恨提供了最后一片瓦:"在我之中,某种东西折磨着我,把我与我分开。我更愿意相信这是你的错,是你造成了这种背叛。某种虚无呼唤着我,但是我更愿意清除你,我的邻人,你和我如此相像。你我之间,流动着唯一的虚无,如果我让你化为虚无,我就存在。"我就这样在自己身上划分了战争双方。存在与虚无的斗争最初是男性与女性的斗争。不过,我更愿意说,"这是主人与奴隶的斗争",或者说,"这是阶级斗争"。这就是事情的真相。

当身体不再被"理想"拉着向前走时,它就退化到母亲的要求的乱伦的领地,这个要求呼唤着它:"来吧,我的阴茎小蜗牛!"退化的过程将是这个要求走过的路,即局部冲动的路:看,吃,感觉,等等。冲动的目标是使身体认同于一种自我色情化的整体,它是自圆其说的,自洽的(这正是神经科学的梦想)。向理想的自我退缩导致了一种有归属感的退

① 关于生态学的注释与纯粹性意识形态有关,与致力于改善环境的某个生态措施无关。

行,它的所指都是冲动性的:在此基础上对世界的划分仅凭个人好恶,分界线不过是气味、颜色、可见的种种:这正是种族仇恨和仇外心理眼中的分界线。颜色、气味、出生地就是"理想"的 SDF① 的间接的居住地。所以,祖国,历史,部族,种族,都代表了理想缺失时人们乞灵的对象,是退行性赋予了它们魅力,它们努力摆出这是命运安排的姿势。如果这些理念只是停留于口头,那该多简单!可是,当这涉及身体的存在时,那就是另一回事了:在好与坏之间的冲动的分界线上,它的身份是悬而未决的,而对好与坏的判断,没有一刻取决于对善与恶的选择。

后现代性的核心,是一个越来越深的黑洞:未来缺席,过去晕眩。仇外心理,种族主义,民族主义,回归部族或教派,都只是它最表象的形式。身份向着发育不全的肢体的收缩正是为了寻找让它活下去的条件:一种便携式的法西斯主义依然潜伏、盘踞在某个很深的皱褶里。它随时准备一跃而起,大肆制造事端和帮派战争,不失时机地黑手党化,为敢于铤而走险的头目效劳。极权制度吓唬不了它。

因为冲动退行的直线坠落呼唤父亲的帮助,他有可能从

---

① SDF,法语 sans domicile fixe 的首字母缩写,意为"无固定居所、无家可归者"。——译注

理想的自我的蛊惑(即母亲的阉割焦虑)中拯救。它向一个强力、强奸、鸡奸的父亲请求帮助。在上个世纪①的集权体制之中,都是他在场回应了这个呼唤。这场理想的自我的狂欢可能只是孤独个体的私事,尽管他们为数众多! 并非如此:他们因为一个领袖而结成集体,后者用自己的名字为他们无名②的退行命名。尽管父亲的宗教被边缘化,它们在天国的缺席又让它们在大地上诞生。那些"领袖"(Duce)、"元首"(Führer)以及其他那些"人民的慈父"都是上帝在其世俗化为科学时的不肖子孙。

科学已经驰骋在辽阔的天国:天国空荡荡。在这点上,没有人意识到"理想"的缆绳已断,因为斩断缆绳的力量——科学——本来就是这些"理想"的一部分。"理想"源于为谋杀父亲赎罪的希望。而一旦"理想"自行消失,那么要杀的父亲的各种面目,各种类型的暴君,从邪教教主到法西斯英雄,就会在一个从此没有合法主宰的土地上滋生繁殖。在科学意识形态的各种后果之中,以古老的方式为父亲翻案的尝试从法西斯主义到创立邪教,再到宗教原教旨主义都有所体现。但是,我们能把对科学进展的反动全都归咎于科学意识形态吗? 启

---

① 指 20 世纪。——译注
② 悖论地,弗洛伊德编造了那个原始匪帮的神话,把它置于历史的边缘,而就在同时,在欧洲,在他周围,这个匪帮正在日益壮大。

蒙人士将不会同意把进步导致的消极的后果归罪于进步本身，但是这样一来，他们就认识不到这并非旧势力的反动，认识不到阴影来自阳光。可怕的怪物并非来自过去，是将来的纯粹性孕育了它，需要它的供奉。

今天，法西斯主义不是个问题。父亲的这种恶魔般的示现不再上得了政治台面，只是作为民主的幽灵而存在。不过，它一直呆在台前。呈现一个强力的、不受法律约束的、享乐的父亲形象令后现代主义着迷。神经症患者很容易想象变态犯比他们更快乐：看，这正是大多数电影剧本和长篇小说的新英雄！暴力、犯罪、毒品、恋童癖占据着媒体的头条，以至于在进步主义"理想"的废墟中，变态在退行主义理想的天空中闪耀。儿童杀手只是迎合了他们所生活的社会的幻觉。拿起武器向人群射击的孩子越来越小了，你以为这只会发生在美国，因为你觉得这是一个居民没有姓氏的国度，他们总是需要取别人的生命。你以为儿童杀手匪帮只会出现在波斯尼亚、塞拉利昂、阿尔及利亚、刚果、巴西。① 大错特错！他们到处都在长大：你在校园里竖起耳朵就知道。这是你的错，你没有给他们讲过你的梦想。

---

① 根据一个人道主义协会联合会的说法，全世界目前大约有 30 万娃娃兵，参与军事行动或海盗抢劫。

但是,既然你预先知道,并且你不喜欢血,你可以另觅他途。这多诱人!你也许可以投身于"新世代"(*New Age*)疗法之中,它们建议你给这个有点飘的身体加一点重量;必须用一些山寨理想压住它,也就是说什么都行。什么都是好的:古代智慧,东方,心理学,环保主义,新宗教。新世代?没有什么比适应自由主义的美国生活方式(*american way of life*)更好的了。因为"个人的改变"是它的动力,它从根本上放弃了改造世界,而且主张屈服于世界造成的痛苦。这不就是说"新世代"完全是由自由主义狡猾的帮凶们创造出来的吗?竟然不是!"新世代"是自己从内部产生的:这是那些宁愿自我封闭在身体中的天使们的一个发明:除此,他们别无长物,他们扑向自己,坠入虚无之中。开悟吧!这是无底的堕落,你们不会感觉疼痛。

天使如何说话

在中世纪,经院哲学长时间就天使的言语争论不休:既然是些纯灵体,他们为什么还需要交流,他们彼此之间不是透明、明亮、毫无保留、遮掩或隐瞒的吗?他们心里一有什么想法就会流露出来。圣波那文都①写道:"适合真正天使的言语仅是内在的:它与他的思想实为一体。"自闭的天使不说话,他只需做梦就足以被理解。在论文《论俗语》(*De l'éloquence ordinaire*)的开头,但丁否认了天使言语的存在:"为了表述天国的观念,天使们拥有一种即时的、难以形容的智力上的能力,有了它,一个天使可以被另一个天使完全理解,要么通过自己,要么通过这面闪耀着光辉的镜子,镜子映出所有天使至

---

① 圣波那文都(Bonaventure, 1221—1274),意大利人,方济各修会修士,代表作《心向上帝的旅程》。——译注

美的样子,他们在其中沉思着他们所有的欲望。既然如此,任何语言符号看起来都没有必要。"天使们借助上帝本身这面镜子彼此交流,所以,这面沉默的镜子比他们的镜像要强大。同理,如果后现代的天使们借助计算机这面镜子来交谈,那么这个机器也比借助它才得以交流的每个人要强大。

电脑,首先是对词的处理,对词的粉碎、锻造。从前,重要的信息写在石头上,雕刻下来,永远保存。现在,再一次,我们可以打出一篇文章,修改好,再进行处理:字母在电脑上支离破碎,就像被用一把雕刻刀凿一样。手书一个个词语的线性,曾是一件非常刺激的事情。今天,我们雕刻,然后发送,搞定!已发送。一张大网把我们联在一起。"互联网"令人兴奋,也引起了某种公愤。仿佛这种交流方式意味着把灵魂交给魔鬼似的!但是,为什么这种实用的信息获取方法会造成不信任呢?毕竟大多数使用者只是出于实用的目的才偶尔为之,并且他们也并未因此迷失在一个虚拟的世界里。

这是因为这张网降临在天使的时刻,完美地象征了摆脱身体的梦想。现在的我们,通过屏幕实时聊天,直截了当地交流,拥抱,没有问题!那个过于沉重的身体飞走了!电子圣体饼把我们与一切连接,一切的一切,就是我们。现在,一切就在那里,所有这些身体的缆绳再不需要了:书籍结束了,不再需要艺术,不需要它在你不在场时对你说话,不需要它在我自己不在场时对我说话,直到现在,它一直使我比我更伟大。新的交流系统没有意识形态,但它们还是实现了期许自我。

万维网(World Wide Web)。一个大如世界的身体,大到消灭了身体。身体在这个网络无数的连接中解体了,消失了,避开了所有镜子。这现代吗?并不是真的:这种梦想的虚拟性已经蛰伏很长时间了。一旦连上网,表象的不可缩减的相异性就消失了,而被囚禁在映像中的灵魂则得到了解放。消失的身体重新组合:它一直渴望只是纯灵体。天使们摆脱了目光的重压,可以在远处互相触摸,相认。我们也一样,我们可以像他们那样做:电脑语言把同样的轻赋予了我们的身体。天使,终于逃脱了当面(*in praesentia*)交流的危险:"我对你说话,我的身体就有了空洞。我沉默,它就疯长。你看着我,它就肿胀,让我不适。要是我能只和你讲话却没有目光的干扰就好了!我会告诉你一切,是的!我会在对你来说也是一样的你的不在场中与你相遇!"

什么是言说?有另一个身体在场,有它的事件在场,言说就会不受你控制地发生。以前,我们甚至都不会去想怎么发生的,不知道自己会说什么,然后话语就一句接一句地出来了。他者在我们身边的存在在空间-时间中引起了某种断裂,某种空气的召唤,有了它,词语就来到了我嘴边。这不会发生在天使们身上。他们安安静静的,用网络语言交谈,被距离和计算机的厚度保护着。计算机让词语顺利通过:它就是干这个的,给它们加速,传播你的想法,一下子就从音速跳到了光速。是的,天使们安安静静的:他们的身体由于光的快速被从他们的思想中扣除了,他们甚至连身体的阴影都丢失了。可是然后呢? 他们飞向谁? 他们偷走了什么? 是这些迅捷的词汇吗? 他们飞向一个现在只是想象中的身体,一个我们满足于意淫的身体,它不再有空洞。他们偷走了这个身体,飞向它。再也没什么能分得清这种半透明的言语和天使们的言语。

但丁说,人言说,因为他们是不透明的,易说谎和听信谎言:"人并没有像天使一样,被赋予心有灵犀一点通的能力,人类的精神被必死的身体的厚度和不透明性遮蔽了。"天使应该是幸福的,因为知道关于他兄弟的一切,但如果他的兄弟也知道关于他的一切,他还会同样幸福吗? 知识对于天使就这样变成了折磨,在这上面,他又很像我们。书中,电脑里,记载着我们的分子的细节,我们的基因一点点地释放着我们行为的所有潜在性,行为于是不再是行为。被编程的东西逃避自由。在这种消灭了我们行为的意义的知识中,我们存在于我们之外。这种秘密的缺乏转而对那些因此变成恶天使的人不利。如果我们声称知道他们的一切,后现代的天使们如何会不感觉被迫害和暴力呢? 根据圣波那文都的说法,话语只是把思想表达出来的行为,它把思想外化。但是,如果这个思想不言自明,交流又有何用?

要让话语有意义,它就得透露些对话者尚不得而知的东西。邓斯·司各特①这样写到,假若天使们尽管没有必要却仍然交换他们的想法,那这是因为……"没有表达,人们就不会晓得天使们具有听觉"。在"神妙博士"②(docteur Subtil)看来,一个主体就这样向另一主体显示了他的在场:这是一种提示对方他正与他在一起的方式,这与我们对上帝说话的情形一样,我们其实没有什么需要告诉上帝,他可是全知的。

如果天使们交流,他们其实是通过一个行为来显示自己对于一个同类在场的专注。对方对信息的内容早已了然,那对他是透明的。我们交谈却又没有什么新东西要告诉彼此的时候,情形是一模一样的:交谈只为你和我,我对你说只是为了让你知道我在说给你听。今天还是这样吗?现如今,信息的空洞具有了完全不同的意义:这不是因为我们像经院哲学家们的天使一样,已经无所不知,也不是因为需要再次向某人表示我们对他的爱。毋宁是因为我们的话语不再有后果:它一天天被凌驾于我们之上的虚拟知识的机器宣告无效。就算

－－－－－－－－－－

① 约翰·邓斯·司各特(Duns Scot, 1266—1308),苏格兰中世纪经院哲学家,神学家,后期唯名论代表之一。——译注

② 司各特的绰号。——译注

话语携带某个信息，也失去了它的分量，而且，就像天使一样，我们的态度变得自闭。我们所说的话不能给我们所知的知识带来丝毫改变。在我们不是天使的时候，我们说话，词语的中介遮蔽了我们肉身的沉重：空间，时间，符号，推论证明了我们相对于天使的不完美。如果我们的话语不再是一种行为，这些障眼法就会突然消失。话语行为在它的实践方法中自我摧毁了。听听你周围，不管在地铁里，还是在咖啡馆中，一些交谈整个就是在努力解决信息沟通的技术问题，问题变成了信息本身。叙事自行消失在它的生产可能性之中。谈话结束，什么都没说。

网页的闪烁展示了一个实践的身体是如何天使化的：闪光直接把身体送入一个它过去已经虚拟地存在过的维度。众生的世界从此因为多了在我们头上、通过我们、没有我们而彼此交谈的无形的恶魔成了双重的：这是我们。天使是真实的；这个血肉之躯以前是虚拟的，它持续不懈地努力通过各种症候和付诸行动变得现实化。现在，结束了。就让它平静地歇息在屏幕前吧。

网络向我们揭示了与把我们彼此连接在一起的东西有关的秘密。它使我们明白，在不知情的情况下，我们被某种机械力量连接在一起，我们一直以来都连线在一个虚拟空间上，这个空间向我们显示了它的广大。在我们前方，总是有我们试图现实化的虚拟之物。这虚拟之物就是驱动我们的燃料。现在,凭借机器,虚拟之物为我们所用:它操纵着我们,就像上帝之镜对天使做过的事一样。

世界的基数改变了

理想这么快就出局究竟是怎么发生的呢？一神教神话创造了历史，预言人类的旅途通向一个乐园般的末日：科学就是神话在俗世的女儿。然而，一朝胜券在握，这个不孝女就忘记了分娩她的神话。更有甚者，她还嘲笑他[①]的子宫，拆毁了它！这是因为理想主义的叙事把计算建立在一个可操作的基础之上，预先就假设了它们面对不肖子孙时的失败，所谓长江后浪推前浪。神话和宗教是条件式发展的。在我虚构的故事中，我首先拎清自己是谁，也就是当下处境中的自我，我想让它有何改变。然后，我再加上我想变成的样子。最后，必须在

---

① 法语中，la science（科学）一词是阴性的，而 le mythe（神话）却是阳性名词，作者有玩语言游戏之嫌，抑或另有深意。——译注

计算中插入想达到的目标。通过创作一个故事，"我"在现实与梦想之间具有了双重性。一旦想象出一个以"如果"打头的情节，顿时有了三重性。主体以这种方式虚构在什么条件下他有可能实现自己的梦想："如果发生了这样或那样的事……那么我还是可以享受看起来不可能的事。"最有趣的就是这个可爱的词了："如果"！比如说这个想法："如果我是医生，而你是病人，那么我就可以看着你脱光衣服"……这可能不会发生，但是，期待中，我因为我的梦想而存在，这个未来拉着我向前走，然后一下子，我有了一个现在。我因为条件式赢得了我的存在：这意味着，我只有数到三才能够亲自现身于存在的舞台之上。

计算可以在各种各样的基数之上进行。十进制的基数是十，计算机是二进制的，等等。神话在三进制之上展开。反之，科学在二进制之上扩张帝国，有了这两根支柱，科学要跑得快得多！① 三进制不是借助于数字出现在神话和宗教中的，而是我们通过它的语式，即条件式算出来的。它的三阶段不露声色地折叠在一起，通过做得"像……似的"，它们运转完

---

① 科学文章可能在四进制、五进制甚至无限进制之上展开。它们好这口，但是在发布结果时，它们必须回到二进制。不管是涉及信息论语言，还是控制论数据库的兼容性，无论什么语言都将被整合到二进制中，不兼容性将被放弃。

美得像煞有介事似的。就让我们以如下的幻想为例："如果我的父亲打了我,这就像我做了什么蠢事似的,比如说,睡了我母亲的床。"结果,每次我被惩罚都会体会到一种隐秘的快乐。更有甚者,我会通过做不该做的事自讨苦吃。从此,违抗令我兴奋,我喜欢上了挨揍。我隐秘的快感促使我挑起战争,完全不在乎风险或者失败,越有风险或者会失败才刺激呢!等待中,我因为在三进制之上展开的条件式而存在:这一幻想臆想地假设,满足了某些条件,未来就可以达到一定的结果,只是现在来看,这些条件尚不具备。这一未来再过上或长或短的一段时间就可以实现。比如说,在那个被打孩子的幻想中,任何惩罚将是值得的,就像乱伦行为已经发生过了似的,因此,通常而言,挨打当场就会引发快感。

通过这种语法手段建立起来的时间的三重性符合俄狄浦斯情结的三重性。因为,对于被打的孩子来说,来自父亲的期盼中的打击(条件式)暗示了与母亲的乱伦行为已经完成(这当然是不可能的),而他所受的对待允许了一个享乐的主体的存在,好像他无论如何都能做到似的。俄狄浦斯情结舞台剧的三重性通过幻想(禁忌的快感)的条件式解决了他的矛盾。

这种时间模式历史化了乱伦之不可能与快感之可能之间的矛盾。自然地,不可能之事不会这么轻易消失:它爬到了另一个层次,虚构的天国。在同一种幻想中,父亲打孩子,却让孩子产生快感:对父亲的爱与消灭这个既碍事又专横的对手的渴望之间也存在矛盾。但是,如果我能虚构出一个并不是不会死但却永恒的父亲,他在遥远的将来(或者是我死以后,我的死也被虚构为"永生"的形式)会给予他的宽恕,我就可以今天享受快感了(甚至直到最后的日子),尽管并不是完全不再有弑父的阴暗想法。幻想的这种历史化孕育了时间。虚构的条件式创造了历史,它使历史的时间流自一种它解决了疑难的结构。矛盾命题只是暂时被替换了,它的解被推迟到以后的判决(甚至是最后的判决)。但是,等待中,尽管还是会被关于死亡或来世的阴郁思想所困扰,但个体毕竟利用了这一点! 存在源于主体的这种条件式化:他就这样虚拟地(却是有效地)躲开了决定论。我逃走了,我梦想着此在之外的东西。作为交换,我欠下了一笔债,逃开决定论、自由存在的债。我的自由与这份债务成正比,在过去,是宗教确定了债的利率表以及献祭的期限,(宗教因此有别于神话,后者不过是条件式主观性的简单变形)。

　　从逻辑学的角度来看,使得虚构力学正常运转的三段论似乎并不招亚里士多德喜欢:条件式命题是矛盾的、非自反的,而且不遵守排中律。相反,科学命题基于二进制展开,符合亚里士多德原理:自反性,不矛盾,排中律:这很好,完美。根据二进制,主项与它的谓项和谐地联结在一起,按照表现为方程式的命题的形式范式。机器语言不用条件式说话,也不编造故事:它没有什么需要压抑的。机器不会去想自身存在与合法性的问题:它的身体没有理想。

我们迫切地想知道三进制计算和二进制计算相遇的结果!这就是铁罐碰土罐的历史:与当代的机器梦同质,科学的话语反对虚构的知识,缝上了梦想的嘴唇。二进制计算本质上不利于条件式的虚构,后者是三进制的,主体因此可以在当下梦想一个更好的明天。后果:虚构主体不再有话可讲,可怜人的嘴被疗愈了。即使他一直可以讲话,也都是无效的,或者只是为了装饰,作为对过去美好时光的回忆。从三进制向二进制的过渡从精神现象走向真实生活,幻想的交叉路口:幻想主体应该表现得自闭或者操着与计算机语言相似的语言(因为它基于二进制运转)。虚构和身体的相对地位翻转了。没有无用的句子,二进制使神话和宗教边缘化,甚至非洲最最偏远的部落也不能幸免:只需要一架漂亮的飞机在天空中拉一条白线,就足以让那些信仰东倒西歪的了。它的霸权越是扩张,它就越是排斥超越于象征性的效率循环之上的叙事知识。"象征性的效率"定义了这种压抑的力量,这种遗忘之力,这个使双脚立足于大地的梦想之源。

理想消失在它的科学性之中,破碎在我们每个人身上(我们,就是一旦我与商品决裂后才存在的共同的东西,我要的商品,我所是的商品。我们,就是我意识到是你成就了我,而不是这些物品)。不再是理想使行动合法化,而是专家们的报告。从政治附属于一种"政治科学"那一刻起,人民就在纯客观的决定论①中缝上了自己的嘴巴。当政治把虚构简化为无,理性使自己的引擎内爆。一种自杀性的疯狂让它兴奋:它的成功使它自己的理想化为乌有。理想之水的干涸暴露出一个赤条条的主体,无论什么野蛮行径都可能再次诱惑他。"启蒙时代"快乐的进步迎头撞上了这个大魔头,一直以来,它都相信已经对它关上了大门。

但是,科学话语对虚构的这种边缘化依然不能解释为什么主体选择了后者而抛弃了前者。说到底,他为什么不两者都保留下来,更何况,仙女童话、神话和宗教与物理数学计算的客观化相比,更有美感、更富于真实性!这是因为客观化本身满足了主体的一个深层欲望:主体一直梦想自己成为比他伟大的某个欲望的对象,在宇宙机器之中只作为一个小齿轮而存在。这个欲望本身包含着消灭欲望的因素,因为科学梦想实现了这个愿望,它就变成了支配性的。它自杀性的冷漠

---

① 他们是历史的傀儡,正是意识到这一特性阿尔都塞才写道:从没有过"历史主体"。因此,马克思主义,马克思的马克思主义比他的继承人们的马克思主义更少些,通过把历史唯物主义简化为辩证唯物主义的一个子集,把政治降为经济:人民在这种"科学性"中窒息而死。

无情轻而易举就战胜了过去所有的虚构,因为现实的客观性被转换成了主体的客观化。既然科学有能力把现实客观化,为什么不对主体如法炮制呢? 这样一来,主体将会从所受的折磨中摆脱出来。这套把戏的高明之处在于,在被决定的(物质)与不能被决定的(主体)之间建立一个推论。没有充分的论证,没有人不知道它不是一台机器,也不是一台完美的电脑,他的尊严系于这种确定性中。科学主义梦想大获全胜,因为对一个主体来说,没有比自我取消更美妙的了。欲望渴望着完成,完成消灭了作为欲望的他:他梦想的其实是他自己的消失。二进制让人陶醉:它激发了主体的死亡冲动,今天的主体也比昨天的主体更爱更好强烈的感官刺激。科学论证无懈可击的快感实现了客观化,它疗愈了主观的领土收复主义。

但是,一个科学人首先是梦想者! 对于那些看到它的后果的人而言,科学才显得如同一个非人的怪物。而他不过是众多失眠症患者中的一个而已,被现实中的不解之谜困扰着,急于扬名立万,出人头地。写出一个确定方程只能在旷日持久的辩论之后:没有一个数学家是独自一人进行研究的! 以自己的名誉作为赌注,创新者首先要提出一些假设,这是条件式的模式。他一开始也是基于"三进制"运行的! 但是,通过论证他的假设,他的目标其实是要形成一个论点,一个定论! 于是,他吞下基于"二进制"的虚构,与虚构一起疗愈了一个只在吞咽时才存在的主体。与神话——在它的叙事中,始终维持着主体的分裂——的条件式相反,科学在自我完成中消灭了虚构的自己。它的成功在它从"科-幻"过渡到科学的时候逼死了它的主体。

启蒙世纪①依靠理性确立了它的蓝图。知识的总量是它的地平线,现在,目标实现了:知识增加了,知识的主体在计算中自我消灭了。人是什么? 这简单! 我们说他是什么做成的,他就是什么做成的。他源自独立于他而又塑造了他的独立事件:这些事件发生在他身上,没有任何人为此负责。他是用碳、氧以及其他一些他和星体共同拥有的元素做成的。我们在它们的化学中要比在星体中能更好地阅读他将会变成的东西。他的未来不属于他:他的基因决定着他的未来。看啊,这就是启蒙时代的人:你在自己的行动中燃烧! 你总是想要更多的光,*mehr Licht*②,可是你早忘了,完美的计算会消灭计算的人:个体成了他创立的方程式的赘物。

科学的过程"缝死了"主体:在第一个阶段,科学人提出一些假设,用条件式言说,就像在神话和宗教中一样。但是,在第二个阶段,创新者努力证明他的假设,如果他成功了,假设

---

① 指18世纪。——译注
② 德语,"更多的光"之意。——译注

就变成了论点。主体于是自我摧毁在自己的行动中,而宗教恰恰相反,它们始终维持着条件语式。被缝上的主体忘记了母亲。他,梦想的孩子,他说:"我们别做梦"。这并不只是因为科学是"客观的",而是因为它客观化了主体。它实现了主体的快感,主体最极端的欲望就是要成为他者(科学决定论)欲望的对象。这就是科学的意识形态:主体彻底物化(被决定的):变成天使人(*Ecce homo angelicus*)。天使人是科学的对象:他不需要相信这点甚至不需要知情。技术的实践孕育了他的信仰。这就是他所缺少的,所有这些机器!"我是我所缺少的,我飞走了。"科学的意识形态就是,人是机器,抑或机器是人(随你怎么说)。好了,去吧,肉体:必须跟主观性做个了断,跟欲望做个了断,跟自由做个了断。谁还知道拿这些东西干什么呀!是这个死去的、天使般的、自闭的、机器般的主体制造了人是自己的成果的赘物的思想。通过把神话和宗教边缘化,"科学"一不小心催生了一个关于人的思想,它的后果是灾害性的。完全为了技术成果和利益而欢欣鼓舞,科学不承认它制造的并凌驾于它之上的想象。人—机器,高莱姆①的形象令它念念不忘:科学梦想中的人类,连最小的分子都被剖

47

析过,只是由原子构成的骨架。这就是它的孩子:"你们看,我的自闭症基因身体小天使多漂亮啊!"这个天使就在我们中间,我们努力变得像他一样,变得像他一样成为遗忘之力,梦想之力,他掌控了生活。生活在天使梦想之后成了第二位的:后现代的机械加工勒住了它的脖子。

理性的胜利在它自己的进步中被扼住了咽喉。它边缘化了过去允许人类获得快感的象征化手段:不仅这道防线消失了,而且与此同时,理性还孕育了独有的疯狂。甚至就在理性变得普世的那一刻,它已不再是任何人的理性:主体对它来说已是累赘,他们是污点和混乱。人类是他们的世界的废物。这种意识形态乍一看令人惊恐,可是这个梦想正是人类最深处的秘密:梦想彻底成为一个物体,一个分子和神经冲动的和合体,完全处于数学神的掌控之中。

然而,彻底客观化的梦想可能达到吗?科学是进步的女儿,因此是一神教的产物。一神教最早有了末日的观念。科学所依靠的希望不是属于它,而是源自梦想未来救赎的叙事。如果它的发展边缘化了这些虚构的叙事,它的源头也会干涸。它最终会毁掉自己赖以立足的元话语。它就这样在现代社会发展,总有一天,二进制的大镰刀所过之处,也会切掉支撑着科学本身的进步意识形态,因为二进制引起了对于元叙事日益增长的怀疑。科学属于伟大的神话叙事,它的进步却宣布自己非法。启蒙之光照耀的范围越广大,照不到的阴影就越浓重。长河宣告着源头的虚幻。假如对于叙事系统广泛的怀疑主义逐渐削弱其元话语,科学人自身也会质疑进步的概念——精神分析学家和他们一起。如果他们不再能把其行为的合法性建立在人类进步的理念之上,其行为的合法性就会成为他们的问题。

科学制造了异己的思想

批评科学进步的盲目后果已经成为宗教、哲学、文学甚至是精神分析都乐于进行的事。例如，穆齐尔①在《没有个性的人》(*L'Homme sans qualités*)第72章提及"躲在胡子里微笑的科学，或与恶的首次正面相遇"。一丝意味深长的微笑照亮了真正学者的脸庞。"在他这里，某种向恶的倾向如同釜底火在低沉地嚎叫。"穆齐尔说，科学家只是声称自己满足于"服务真理和进步"，那么他的这个狡黠的微笑究竟是什么？它吐露了这个职业的意识形态！与所有的意识形态一样，它不一定与相关实践有何关系："不应该过于看重某种活动在从事它的人

---

① 罗伯特·穆齐尔(Robert Musil，1880—1942)，奥地利作家，比肩卡夫卡、普鲁斯特和乔伊斯，其未完成的巨著《没有个性的人》被认为是20世纪最伟大的现代主义小说之一。——译注

们的意识里所具有的形式。"穆齐尔补充说,这种意识形态类似于"商人、盗匪和战士"之道。这个"原恶的成分……至少也跟人类的伟大理想一样恒久,不多不少,正是从给理想使绊看它们摔得头破血流而获得的乐趣"。所以,科学意识形态除了竭力贬低人类所有的最宝贵之物外,别无他图。比如说……"只把善良看作自私的一种特殊形式;把心灵的悸动说成内分泌作用;揭示出人体百分之八九十由水构成;把人格高贵的精神自由解释成自由贸易的一种天然衍生品……"。

穆齐尔看得很清楚,科学观察被用来证明风马牛不相及的思想。科学意识形态(科学主义)与科学不是一码事。甚至完全相悖! 旁观这一操作的非科学人士,只看到了结果:在他眼里,科学就像进行客观化的怪物。正是从这种客观化出发,一门科学生产了它的意识形态,焦点在于迎合了对主体的疗愈:一方面,客观化,天使化;另一方面,反对这种客观化,如原教旨主义,排外思想,等等。科学意识形态对于非科学人士比对科研人员更有影响。对于从外部观察并承受其成果的人而言,形形色色的决定论似乎是绝对的,"科学"成了梦寐以求的武器,可以解释所有发生的事,因为存在的就是合理的。这种意识形态没有主体。一个匿名的"有人"是它的代言人,而不是具体的谁。它源于对主体的疗愈,对他们之中的一群人有效,那些人因为这样的匿名性而被缺席。

任何一个"科学"观察都会孕育出一个"意识形态"上的对应物。比如,某些家族中躁郁症精神病病例数量更多,就会催生出下面的想法:一定有某个特别的基因。另外,意识形态可能比研究先行,造成巨额而无用的投资。前南斯拉夫内战期间,庞大的资金就曾被用于研究猴子的创伤后遗症(可是很长时间以来我们都知道是无意识在战争创伤发作的时刻爆发)。更有甚者,在还没有任何人抱怨的情况下,关于移动电话可能导致神经损害的研究就已经展开了。我们可能会想,这些波能有什么特别的,它们不是早就被认识了吗? 不过,我们却很能理解在发现某种特别的脑癌之前必须进行"电话区"和"非电话区"的空间分隔(类似于吸烟区/非吸烟区的划分)。我们肯定会发现这种癌症的!

一旦区分了科学与科学意识形态,那就很清楚了:科学家本身并不为科学负责,科学关系到所有人,包括他们自己在内。他们承受着它的后果,认识不到他们只是它的代理人。他们中的大多数人或许并不乐意看到科学客观化与自由主义的商品拜物教结合,更不会乐看到隔离的增加,变态行为的合理化,欲望的医学工具化以及身体客观化导致的色情泛滥。沉迷在计算之中的他们,要怎样才能预见到他们的估算带来的无法估量的恶果,预见到丈量天空却撵走了一个父亲——人间大戏的保证人——的幽灵?

真的,科学意识形态变得如此霸道,皆因为它与商品拜物教同声相求的缘故,后者已被极端自由主义推到了极限。"商品拜物教"意味着人在他与物品的关系(也可以理解为对它们的占有与消费)而不是在与同类的关系(比如说通过社会和政治联系)之中寻求自身的实现。一方面,科学疗愈了主体,另一方面,拜物使其物化。二者联手,相得益彰。为了更成熟些:自由主义必须赢得一切,把科学话语中存在的客观化的东西发展到变态的程度。科学意识形态与商品拜物教同声相求,这是因为,如果说前者敲响了进步意识形态的丧钟,后者则乐于鼓吹现状不再会改变以及自由主义江山永固的思想:生意因为不再有任何革命而更好做了!因为遗传学家告诉我们说,我们就是这样被编程的,而且只要保持沉默就好,这样,我们就比商品还商品,是商品中的极品。何时我们才会重新交谈?像我们一样的商品代替我们在生活,是否应该等待这浩大的商品流停止?会的。我们将会很想念爱情。我们将夜不成眠。

但是,今天,我睡着,我做梦我是一个天使,当我醒来,我很害怕。我有种感觉,仿佛置身于一个大教堂之中,必须低声讲话,而且最好不要什么都说。在我周围,人人都想要我的财产和人类的财产。大家担忧我的健康,帮助我走一条纯洁的正路。反烟草运动和其他同类性质的运动每天包围着我,以科学的名义,但是绝大多数吸烟者并没有得什么特别的流行病,还与非吸烟者一样长寿。[①] 如此执著,到最后反而让人感觉很糟糕:这种卫生学上的洁癖究竟是怎么回事? 怎么跟种族纯洁的欲望那么像呢? 罗伯特·普罗克特[②]的新著《纳粹抗癌之战》描述了希特勒德国如何发起了最早的声势浩大的禁烟运动,当时烟草被认为致癌。在德国的宣传中,犹太人被认为是恶性肿瘤,而"不吸烟"则被作为一个优良品质赋予了德国妇女。这些类比进入了卫生政策的范畴,强调德国"人民"(Volk)的活力及德国"基因物质"的优越性,使用的词汇非常接近今天我们描述人类基因图谱时使用的词汇。

今天吗? 一片尚还淡淡的隔离的阴云不是好像正在空气中漂浮着吗? 科学意识形态要求的纯洁,不是已经萌生了两个如此大相径庭的后果,即卫生学和种族主义吗?

不是应该从这一存在于科学和科学所孕育的纯洁意识形态之间令人担忧的鸿沟中吸取教训吗? 希特勒主义不正是从这里找到了突破口,才得以势如破竹吗?

我们可以刻意不去反思纳粹的罪行,把它看作某种审判

---

① 原文如此! 需要指出的是,根据研究,实际上吸烟者比非吸烟者的寿命要少 10—17 年。——译注

② 罗伯特·普罗克特(Robert Proctor, 1954—),美国科学史家,斯坦福大学科学史教授。——译注

完就了事的绝对恶。这样一来,它就会继续兴风作浪。实施种族灭绝行为的是科学上最发达的国家之一。它被设计出来是基于科学的理由,没有任何宗教动机。科学家和医生都参与了它的执行过程,他们占其全体的比例相比其他人口要高得多。但是,虽然科学意识形态在种族灭绝计划中的角色无可否认,我们却可以争辩说科学之所以如此不堪是因为被迫偏离了它的目标。的确,这与科学无关,但却与科学主义孕育的变态有关,如果我们不提高警惕的话。这样的变态,就是身体的物化,或者说是身体在后现代社会的天使化,我们不能把它仅限于那些在某些科学理论①中可能成为法西斯思想借口的东西。最好未雨绸缪,因为当我们奋起反抗日益高涨的种族隔离和原教旨主义的时候,我们一直在责怪的都是一些后果,而导致这些后果反复出现的那些不变的原因,却无人注意到。

在科学家或他们的论文之外,一种隐藏的动机萌生在所有计算身上。物理数学提供不了任何证据来证明物种理论,正是后者使仇外思想合法化成为可能。但是呢!数字决定物质。如果我们是物质,整体上的数字化实体,发生在我们身上

---

① 此类意识形态在操作上总是异常幼稚:有些"科普"著作把艾滋病归罪于非洲黑人,再往前推,则是绿猴,如此一直倒推到达尔文的进化论。怎么就不想想猴子究竟是怎样传染艾滋病毒给非洲人的! 难道是通过鸡奸?

的事都已经在我们不知道的情况下被数字规定好了：它们让我们相信这个思想，即身体(个人的和全体的)的历史降格到有机性的程度。不仅仅科学意识形态边缘化了曾经的理想，把身体从拉着它向前的梦想中分离出来。它还把它们变成了无辜的人，一些个纯洁天使。自然地，这些肉体纯洁的无辜之人不是那么容易弃恶——始自他们的欲望之恶——扬善的。他人，陌生人，将会替他们背负着罪恶。这样的隔离因为本可以使明日救赎成为可能的理想变得过时而显得更加激烈。科学意识形态敲打着两块黑板：一方面，它梦想纯洁，与此同时，所有救赎的可能被撤销。结果就是种族隔离如虎添翼：种族主义和国家主义在历史上从来没有像在刚过去的这个世纪那样肆意忌惮。如果这些情感出现在别的时代，它们绝不可能成为政治筹码。

后现代主义的隐秘宗教

如果不认为上帝的概念在宗教现象中必不可少,那么视"科学"为后现代社会的宗教则没有任何不妥之处。涂尔干[①]已经揭示出,宗教的范畴是独立于神的范畴的。[②] 所以,一门宗教可以被定义为一个由神话、教义、仪式和规训构成的系统:它就是我们所践行之物。科学规定了众多的惯例,划分了好与歹。比如,今天的医学卫生学把清洁概念整合了进来。

---

① 埃米尔·涂尔干(Émile Durkheim,1858—1917),又译作杜尔干,杜尔凯姆,迪尔凯姆,法国著名犹太裔社会学家、人类学家,与马克思和韦伯并称现代社会学三大奠基人。主要著作有《自杀论》、《社会分工论》、《宗教生活的基本形式》等。——译注

② 涂尔干在《宗教生活的基本形式》(*Les Formes élémentaires de la vie religieuse*)中写道:"宗教事物与非宗教事物的区分经常是独立于任何上帝观念之外的"("宗教 道德 混乱"丛书,子夜出版社,1975 年)。

它在以前与纯洁或邪恶有关(东西掉到地上,即接触了墓地和粪便:它被父亲双倍地玷污了)。医学卫生学制定了饮食规则以及性生活规范。性行为在今天因为性传染病而受到了限制,与过去受到宗教禁忌等的限制并无二致。

科学是某种不自知的信仰的对象,而且与它之前的各种宗教不同,它不要求认信。好处显而易见:一种信仰因其不自知,排除了意识中的罪感。打个比方,一个焦虑之人,可能常常酗酒,但他会不时地想到自己或许该克制一下。同样的一个人,若是定期遵医嘱服用镇静剂,那他心里则不会产生任何负罪感,虽然事实上他不过从一种相对不那么合法的毒品过渡到另一种合法的毒品而已。这种负罪感之所以会消失是由于起因被药物与主体剥离了:药物暗示了某种"机体的"失序,而不是"精神的"紊乱。人们认识不到酒瘾源于焦虑,却能在服药行为中认出它。实验的奇迹,就是镇静剂可令人放松的药效(与烈酒的功效并无质上的区别)。结果将是一种信仰:这事与神经学或遗传学上的机能障碍相关。有机性的幻觉像不自知的宗教一样有效。基督教文明通过奇迹迈出了第一步:耶稣和他的使徒,本来也是医生,他们治愈了大量早期的皈依者。奇迹是例外,避开了实验过程和证据,然而,信仰正来自奇迹。科学走了相反的路。它不制造奇迹,人们可以实验它:它孕育的信仰因此从来不是显性的。

科学神通广大，却对自己扮演的宗教角色毫无察觉，一点没发现自己是一种信仰的源头。科学实证制造了一些与被证实之物毫无关系的"思想"。因为科学成果证明了科学的效率，"大家"就会相信它的意识形态也是如此。最令人震惊的例证就是神经科学。它积累了一定数量的成果，人们就根据这些成果提炼出了如下"思想"，即人的情感和欲望均由其基因和荷尔蒙等等决定。这就是一种信仰，因为实事求是地看，欲望与情感只能由社会生活激发(基因,荷尔蒙之类,只不过是其中介)。又或者,物种进化论可以造成某个种族优越于另一个种族的思想反复出现。结果就是,在科学的名头下,出现了一些与科学本身毫无关系的宗教和政治现象,而且它们对于自己赖以依靠的信仰毫无觉察。

一个把科学意识形态偷换为宗教的突出例子是 2000 年之前传媒对于"千年虫"的炒作:就好像计算机连 2000 都数不到似的! 我们的主的两千年诞辰对计算机就那么特别? 自然地,机器们继续做了机器的事,对世纪末的恐惧什么都没留下来,只不过为以科学名义的集体狂信提供了绝佳例证而已。

在这个例子中,一切都表现得好像科学整合了一个以前的信仰似的,好像科学饕餮吞咽了过去的神话,把它们搬移到自己的元话语中。这种偷吃的行为使得宗教不是显性的,作为结果,"后现代主义"与其说是让理想消失了,不如说是把理想压抑了。理想变成了无意识的,在那些对它感恩戴德的人不知道的情况下发挥着作用。隐藏在计算之中,理想变得令人生畏,把一种祛除了认信的信仰强加在我们头上。

但是,配料都在!通过一种绝妙的障眼法,科学主义消除了罪感的重负——昨天的宗教为此制定了详细的价目表。再简单不过:倘若一切都是被决定的,倘若有果必有因(所谓无火不起烟!),主体就不必再为什么负责了。各种决定论的绝对化为主体开脱得如此绝妙,结果连自己都面临解体的危险。每个与行为或者性欲相关的新基因的发现多么让人放松啊!总是确信自己无辜的信仰是多么美妙啊!倘若一切都可计算,主体就可以把烦恼的原因投射到社会或其家庭之上。无辜就这样一点点摧毁了社会联系。从家庭开始,家庭是猜忌的主要场所。"家庭,我恨你!"①另外,我结婚少多了,我要更少的孩子。孩子们也不再想要孩子。此外,他们还杀人。无辜大开杀戒。现在从童年就开始了,年龄最小的杀人犯才6岁,2000年2月,他残忍地杀害了一个年龄与他相仿的小姑娘。娃娃杀手们不知道为何有一天他们就拿起了武器,开了火,但是他们可以认为有人应该知道他们为什么这么做。子

---

① 法国电影名,1997年上映,导演布鲁诺·邦茨拉基斯(Bruno Bontzolakis)。——译注

弹不是从他们的武器中射出去的,是从某个先于他们并且理解他们的虚拟空间射出去的:他们在游戏之前就被游戏了,他们是在复制曾经历过的一幕。

压抑罪感的巨大工程就这样完工,与一点点侵入这片土地的天使们相称!这样做的代价是惨重的,因为罪感怎么可能如此轻而易举地消失呢?结果就是天使主义要求它的那份鲜血。净化困扰着它,过去年代的替罪羊越来越不能满足它对隔离的胃口。更令人不安的是,我们对于这些替罪羊的存在一无所知:在我们毫无觉察的情况下,它们就被以无人负责的经济或政治规律的名义机械地牺牲掉了,甚至都不再是以上帝的名义。我们在媒体上看到死者。我们知道有很多死者。数据告诉我们,某些国家的人口减少了几十万。无关痛痒。我们无法感同身受。一切顺利。我已经不再区分:真实的罪行并不比虚拟的犯罪更触动我。别人让我看一波波死人的时候,我无动于衷(除了这会让我有点兴奋,或者我宁愿没有看到。你像你的富人一样享受,所以你才会把票投给他们)。

最后,在其宗教大厦的顶巅,科学不费吹灰之力取代了父亲:它创造出真实之物,而这本来被认为是上帝的专利。它让各种各样的消费品流通起来,发动机器奴隶,现在它还可以制造生命。这还不是全部!它还像一个真正的父亲擅长做的那样发号施令。与在日常生活中一样,科学在国家层面也是命令性的。一些政策就是以科学和专家委员会的名义制定的。有人会说,它还缺少父亲名义的象征性功能。大错特错!计算衡量感觉。而因为尺寸的概念与阴茎含义暗合,因此当所有的感觉都具有了冲动的意味时,科学就通过用阳物衡量冲动(用父亲的衡量母亲的)完成了象征性操作!最终,这些父亲属性与性创伤算清了账,后者是俄狄浦斯爸爸的特征,必须给他点厉害看看才能走出家庭。它们做到了!科学彻底逃开了俄狄浦斯情结,逃开了嫉妒的强奸犯父亲和他的全套虚拟行头:它断然是族外婚的。即便科学还有工夫理会这个男权社会死去的神,这个性强迫症患者,他最多也就是给科学逗逗趣罢了。

数学之神把它的法网撒在了整个自然之上。这是一个让人认不出他的名的自然的父亲。他发号施令,我们却并不知令从何出。伦理,他并不放在心上:他关心的是对错,从不关心善恶。凡法则支配世界之处都有他的身影,他是不死的。这个隐身的自然的父亲——更准确地说,是自然神(*sive natura*),被如此巧妙地移印到整个感性之上,以至于他的孩子们都认不出他来了。他们只是更听话了,不会喊"暴君,去死吧"!然而,一种普遍性知识的暴政多么具有碾压性啊!它每时每刻都是指令性的,却又不动声色。我们计算黑体的坠落,太阳的热度或者恒星的运动。可我难道是一个升起、顶点、食蚀都被人了如指掌的天体吗？无论如何，我不是一个为自己的天体：我要比你们想的更不天体！你们可以预见到风云的变幻，但无人能说得准今夜我会梦到什么。我的下个梦将是自睡眠存在以来从未有过的。不过，既然我的身体由原子构成，在任何方面都与恒星的原子相似，我也是一些物质，符合某些法则，尽管我可能完全不了解它们：也许关于这种无知也存在着某些法则。我可能只是某种隐秘之力的掌中玩偶，这个力量在一些人那里是上帝，而在别的人那里则是无意识。

啊！要是我的生活规律如同星体运行就好了！行行好吧，学者先生，请找出可以把我洗白的理由吧！我只是违心地成为主体的，至于我的自由，我并不太在意。我更乐意生病，而不是称"我"。您尽可以把我当成"他"。"他"得了这样那样的病：是"他"，而不是"我"，这令人如释重负。另外，我说起我经常像在说另一个人，或者我自言自语如同对着一个好像本不应该这么做的陌生人说话。私底下，"我"看到了错误，但是"我"绝不会承认(除非为了取乐)。

把你的身体交给医学!

医学一直通过观察方法、功能分类、病因和疗法研究致力于成为一门科学。这一立场使得医学经常与教会相悖,因为在后者看来,身体是上帝的事(就是说,是无意识的事)。由于在有结论支撑之前,医学就自认为是科学的,所以它对病人的胡言乱语从来都是一个耳朵进,一个耳朵出,直到弗洛伊德,才开始倾听他们的心声。广阔天地的大门由此开启,几十年间,从业者有区别地倾听着症候性痛苦。不过,虽然大量医生坚守着这一成果,但是药学、神经科学和神经生理学的飞速发展不久前又把打开的门关上了。各国政府也积极地把医学研究往这个方向上导引。

今天,有机体把秘密和盘托出,自然的奥秘被用来服务人类。作为这一成功的代表,求知欲源自对身体涵义的压抑,对它之所能、它如何享乐的压抑，所以数学物理不失时机地回归了，回到了它的有机源头，并把帝国扩张到医学话语之上。于是，"医学"就像"科学"与科学家分道扬镳一样，也与医生脱离了干系，转而追逐一个身体-机器的梦想。人能够把这个身体-机器的零件拆卸，替换，修理，改进。数学物理是为医学量身定做的工具：它把理想的自我，这个它梦想着的天使身体完美地客体化了。对有机体内发生的一切的量化使它陶醉不已！多亏了这个完美的机械学，有机体摆脱了自我的"理想"，摆脱了蒙昧主义的父亲的指令，它竟然宣称身体与自我不是一回事，说身体不符合它的有机限制，说它的存在取决于邻人的目光，说身体本身的差别使它成为男性的还是女性的，说每个新生儿都是独一无二的，因为他正源自这一差别，并且他马上复制了这个差别。这就是使他无来由地大喊的东西。

一切科学的呈现同时证明着身体的物质性（一般情况下如此不可能，以至于必须在镜子、他人的目光、爱中加以确认）。身体不再是幻想和神话中不可触摸的奥秘：它重新坠入纯粹物质性的行列，技术上是可分解的。它总体上是一台机器，不过比我们会制造的机器更为复杂一点而已。它不再是宇宙中的一个特例，它的流亡中断了，只是一个东西罢了。就像宇宙一样，它有自己的斤两和尺寸。

在量化的重压之下，天使们的厚度增加了，丧失了自身的透明性:随着亡故父亲的"理想"变得无效,他们找回了从前被逐离的身体。过去,快乐只是一个梦,为死后在最后审判时身体复活的时刻所想象出来的! 不久前还是如此,快乐是为明天预备的,或许在地上,死前就可以得到,但仍然要经过亚伯和该隐漫长的缠斗才可以。现在,天使化鸣响了时间终结的钟声;它下命令说今天就要在对历史的遗忘中享受快乐。这个当下享乐的指令甚至不意味着我生活得充实而幸福,或者得到了安宁。根本不是必须马上享乐,哪怕是享受不幸:有人会在媒体上晒不幸,好让你可以利用它。这可不是因为今天所有的梦想都实现了,毋宁说是因为不管我有怎样真实的不幸,我都被邀请生活在虚拟世界之中。我大部分的身体疼痛可以被消除,而精神上的痛苦则被麻醉;我可以几乎完全无视葬礼,他人的不幸与媒体向我强行灌输的远在天边的故事并没有多大不同。所有天使在没有过去也没有未来的享乐强迫中都是可怕的。你只需要是你的身体即可,哪怕它正在痛苦之中。你的思想无足轻重:快乐就好! 当传统的"理想"崩塌,身体本身变成了理想,身体被上了各种手段——基因的、神经的、激素的——变成了自身的因,神经生理学宗教的自因(*causa sui*)。

现在,就这样神不知鬼不觉地发生了! 孩子转眼就长大了,身体也到来得让人猝不及防:它一下子就占据了我们全部的视线。以前,它在远处,沉甸甸的。它的复活是为身后预备的:肉体仅仅活在黑夜的背面,活在生活的里子内,生活中没它的位置。现在它暴露于光天化日之下。我们可以享受它:我们不再有睡意,生活就在那里,完满无缺。不过,或许我们不能这样做。我们将会更愿意生病,因为利用它也许太过分了。

身体变成了一种强迫。它无处不在,令人担忧,身体的健康什么也证明不了,因为折磨它的痛苦留不下痕迹。某种东西让它喘不过气来。是一种它无法摆脱变得纯洁的东西,因为它怎么可能摆脱自己的纯洁而变得纯洁呢?它忘记了一直使它外在于自身的东西,不想知道它其实是身不由己的。"我以为在这里,并非如此:我存在于自我之外。我在任何啜泣入耳之处。谁能向我证明我就在自我之中?请向我保证一切是一个闭环,我正是我梦想成为的那个自闭症患者!您知道吗,一个自闭症患者用头撞墙、用针扎自己、烧自己,看起来似乎一点也不痛苦?"

为了作出解释,数学物理永远领先精神动力学研究一步,因为它遮蔽了犯罪感。医学上,身体原则上是纯洁无瑕的,所有的瑕疵都是外在的:实时被分解至最小的分子之后,人体也没有表现出犯罪感的任何痕迹、证据或者实验数据。大部分的胃溃疡、哮喘、梗死都是在犯罪感表现显著的情境下发作的,但是永远不会有任何基因、任何激素、任何神经递质招供自己有罪。

在医学话语中,人体各种各样的化学和物理功能都是可量化的,而身体正受制于这些内部功能的综合作用。如果我们能找到某种痛苦的生理介质,并成功对它们施加影响,那么这些生理介质即可被看作痛苦的原因。比如,缺少睡眠的话,神经生理齿轮在对日常生活的思虑——它们令失眠症患者烦心不已——和那些让眼皮睁着的肌肉之间起作用。我们总是能够找到这些中介和对它们进行干预的手段! 失眠症将被归结是某些分子在作怪,而实际上造成失眠症的原因几乎总是身体之外的因素:一些经常显而易见的烦恼就会引起失眠,爱情、经济、家庭等方面的原因都有可能。

神经生理学家和遗传学家的"错误"一目了然。他们选择只观察有机体的内部构造:由于所有这些字眼彼此印证,他们自然就会以为已经找到了原因,而这原因本来不过是一种中介而已。如此一来,病因就被误解了两次。人们先是无视它明显源于日常生活中的具体事件,与身体无关。继而认识不到这个事件被它在无意识中的回响放大了,后者决定了这一事件,有时还促成了它的爆发。比如,一次微不足道的意外就能唤醒发生在过去后来被压抑的创伤体验,引发与这件小事完全不成比例的忧伤。

对神经生理学家和遗传学家来说,最大的理解困难也正在于此:在大脑皮层的层面上,精神身体的区域(梦的身体)恰好包含了生理身体的区域。说人体的运转源于在神经区域内物理有机体与精神身体的重合,这意味着无意识冲动的里子对于身体的每个部分都起作用:所以,一个梦也可以像现实事件一样让人生病,反之亦然。症状的精神根源丝毫不会减弱病症的现实性。哮喘发作,咽峡炎,胃溃疡通常都有精神上的原因,引发的客观性疾病并不会更少一些。比如,对反复发作的咽峡炎,我们可以很容易发现某种细菌感染,于是就会认为找到了病根,而实际上那只是一种临床表现。对这些真实的临床表现当然需要对症治疗(因为没有任何理由任由感染发展下去),但是疗效却中断了症状的表达,而症状本来是有可能揭开主观上的原因的。这样一来,咽峡炎就会反复发作。

鉴于医学有能力对症状生理上的后果进行治疗,它必然把仅仅造就这一症状的临床表现归结为这种或那种有机介质在作怪,从而导致精神维度将被完全无视,注定被误诊。在这个意义上说,所谓的病理学都是从对症治疗发展而来的,精神上的因果律就这样被遮蔽了。疾病的误诊在抑郁症中表现显著,因为抑郁症的症状是最不有机的,是对某种无意识因果性的显化的回应。

拥有超高学历和巨额资助的研究者们力图通过对神经元

的研究来解决精神生活的问题,而且还是通过研究老鼠、小白鼠、青蛙这些情感生活和我们甚少相似之处的动物们的神经元,这难道不令人摸不着头脑吗?比如说,他们怎么能不知道抑郁可能是由某个爱人的去世引起,而不是由于细胞失调呢?的确,有些悲伤的原因不明。可是做到理解我们可以在不知道或者是因为相关人的重要性被极力缩小的情况下服丧,这难道需要费了不得的脑力吗?比如说,某些妇女在月经后几天会被某种无力感淹没,最经常的情况下,他们不会把这种伤心的状态与一个她们暗暗期盼着的孩子的死亡联系起来。所以,司空见惯的是,"抑郁"(通常都是"哀悼"的变形)都从神经生理学或基因上进行解释。然而,这些莫名其妙的悲伤需要的只是倾诉,而这不过只是为了一般情况下都被无视的哀悼的对象最终得到命名!可是神经生理学用药物取代了症状,症状两次失语:它首先遮蔽了本可以解脱悲伤的话语,然后又隐藏了这一遮蔽本身的罪行。

擦亮眼睛之后,我们看到科学是如何像它之前的各种宗教一般行动的:它的疗愈效果制造了巨婴,并且对他们呵护备至。它助他们做梦。它用独有的毒品麻醉它的这些大宝贝们。这些毒品本质上与人类一贯吸食的各种毒品并无二致。每种宗教都提供自己的毒品,帮助信徒登上梦想方舟,而从摩登时代向后现代的过度伴随着毒品的换代。几十组药品取代了传统的毒品而已:"我们祛除了赋予你的葡萄酒的神秘意义,它怎么可能是耶稣基督的鲜血呢?还是服用抗抑郁药吧!我们也想帮你戒掉鸦片,你竟然去东方寻找另一个父亲?不如吞下美沙酮吧!"非法的是另一种文化、另一个上帝的毒品。新神,科学之神的毒品是合法的。

神经科学就这样成了一种奇特的信仰的源泉,暴露了新科学主义的宗教面目。梦想有一个自我封闭的身体,独立于与所有同类的情感关系之外,而不管他们是亲近还是疏远,这的确是一种纯粹的臆想。人类离开了与他人的纠缠,则既不能长大,也无法繁衍。所以想象出一个机能上自给自足的身体就是一种信仰。把为爱煎熬的精神痛苦、性苦闷、社会的不幸简化成神经突触的失调源于理想的自我对有机体的后现代省视。

对有机决定论的绝对性的信仰如此热烈,以至于任何滑稽感和分寸感在它面前都荡然无存。1996年,行为遗传学家约翰·克拉布(John Crabbe)宣称发现了老鼠酗酒行为(他在夜店结识的老鼠吗?)的基因编码。无独有偶,迪恩·哈默(Dean Hamer)同样言之凿凿,说他的团队有95.15%的把握确信发现了同性恋基因在遗传自母亲的 X 染色体最长臂附近的一个或几个基因上有所表达。《世界报》(Le Monde)始终对神经科学和遗传研究青睐有加,尤其乐见它们跟精神因果律唱对台戏。它在1993年7月17日那期上断言,人们已经分离出同性恋的基因,可是新闻电讯只不过报道说,在几个同性恋者身上发现了某种X染色体的变异而已。更打脸的是,研究人员的通稿明确补充说,没有任何基因被分辨出来。

然而,一直以来,人之所以为人恰恰是由于那些使他能够摆脱遗传学家们称之为"双亲封印"的东西。人并不急于脱险,每次医生们遭遇非有机原因引起的痛苦,他们就祭出一种与相关痛苦不相干的知识(比如,性无能一般情况下并非生理问题导致,靠吃药无济于事)。他们打着科学的名义在权威中登上王座,而实际上他们的权威知识对于相关情况完全无能为力。结果呢,他们不知不觉中扮演了司铎的角色:他们是新型的牧师,为有序的性欲划定了禁忌范围,制定了冲动游戏的规则(比如节食和卫生标准)。通过性接触传播的疾病从此接管了性欲,恰如昨天宗教的所作所为。艾滋病困扰着日常的色情生活,连那些实际上没有性生活的人都难以置身事外。这并不妨碍他们定期地去做筛查,尽管毫无必要。

科学把性也标本化了:身体被简化成各个组成部分的色情指数,科学再把身体做成标本。人们研究性兴奋内部回路的运行机制:一边是神经,另一边是荷尔蒙和内分泌腺。人们记录所有这些微妙的联结是怎样运作的,然后经过计算,就自以为了解是怎么回事了,况且这都经得起实验验证。只不过人们忘记了这个内部回路完全取决于它与外部的联结。一旦拔掉插头，全得乱套：因果关系并不在我们自以为是的所在①。

不过，让我们再看清楚点。并不是因为某种理解困难，神经生理学家和遗传学家才不认真对待言语中的身体插头。科学在把机体简化成由一堆零部件组成的一个整体的机械运动时，不是以巫婆的面目亮相的，它并不像巫婆一样向人们提出居心叵测的建议，用她的服务换取他们的一点幸福。它只是梦的侍女！它向你展示你最隐秘的愿望是多么下流。举个例子：克隆人的想法是否让你觉得可怕？然而，这就是一种生殖方式，完全符合幼儿性欲理论！这正是你做噩梦的内容，当时你还小，你吞下了一枚樱桃核，然后你害怕会不会遭遇可怕的怀孕。之后，在某些焦虑时刻，你还会呕吐，好像自己是单性生殖的动物。接着，试着回忆一下。你幼时的排泄物从来没有短暂地成为自己的克隆吗？自然，剩下的就是了解"成人"性欲是否战胜了幼儿性欲。这不是确定的，但可能性还是蛮大的：大众传媒造梦机器，报纸，电视等等，围着这些实验室可能制造出来的明日的孩子大肆鼓噪。这几乎就和著名的"千

---

① 例子：香蕉是否可提高妇女的生育能力？毕竟，有数据显示在香蕉收获季节，出生率有了显著提高（只不过研究者在各种变量中独独取消了水手的存在——那些随运送水果的船只一起抵达的传教士也没被计算在内）。

73

年虫"一样活灵活现,此类夸张的炒作是时间幻觉效应的一部分:属于构成了一种新宗教的科学主义。因为想要一个孩子的欲望将会继续产生自一个女人对一个男人的爱,一个男人爱上一个女人亦然。克隆是某种强烈的集体梦幻的目标,对这一梦幻的过度媒体化把后现代的焦虑投射到后人类主义之中。不管人类多么像天使,他们终归是非雄即雌(包括克隆人)的。既然他们注定将一直为阉割焦虑所苦,那么在任何情况下就都将一直是一个父亲和一个母亲的孩子,至少象征意义上如此。相同的阉割焦虑将会继续构成与异性关系的动力:一个男人因为热恋一个女人才会想跟她生个孩子,反之亦然。有个孩子的欲望自此成为解决两性彼此折磨的实用方法。这个孩子的和谐梦想源于男人与女人的不和谐。谁会希望看到它再产生一个分身呢?

可是你的身体还是你所熟悉的身体吗？

根据某种传染病学(还有一些统计上的预测)的说法,疾病也是与时俱进的,不过,这一进化的原因不总是一目了然:我们可以认为它取决于身体在历史中的呈现,认为是当前对症状历史化的缺失已经在某些病理学的发展中有了重要后果。

在这些"新病理学"中,专业文献相当重视"人格障碍症"(états-limites)的扩展。我们暂且假设这与外科医生们的有限能力无关,不是他们束手无策时的遁词。这个"人格障碍症"的概念是方法论上的,因为它暗示存在同时归属好几个结构的情况:我们如何可能既是神经病又是精神病,等等？"障碍"一词意味着某种跨界,如同穿越两国边境:不管旅行者怎么走,他必然是要么在这个国家,要么在另一个国家。所以,人格障碍症与对"精神病"、"神经病"甚或是"变态"的归属无关。这三种主观立场之间毫无共通之处。

相反,存在着另一种界限,是时间的,关系到从幼儿神经症向成人阶段的过渡。必须要一定的时间才能从一个年龄段过渡到另一个年龄段,而"人格障碍症"的扩展与后现代社会中的青春期延长有关。不是说身体达到了性成熟的阶段,青春期就结束了,它结束在某种精神事件发生之后,否则,想有一个孩子的欲望是不会不请自来的。一个30岁或年龄更大的男人或女人,幼儿神经症发作的不确定性仍然很大,这要一直持续到向"成人"神经症的过渡因为一件具有引发作用的事件(比如说,某人去世或者争风吃醋)剧烈地完成为止。

在传统社会中,存在着一些具有成人礼作用和直面死亡的仪式,象征着这种过渡(在基督教国家,这就是"初领圣体",而在世俗层面,就是服兵役)。这些仪式会促成精神的转变,至少具有引导作用。在后现代社会,这样的过渡极有可能延后很长时间,而且因为社会中没有任何成人礼合法地起作用,所以还会延后更长些。向成人过渡的时间早晚取决于象征父亲死亡的方式,如果这些仪式阙如,它们的作用就会留给个人命运的偶然性,如家族习俗或者本地社群的教育。导致的结果就是幼儿神经症的持续时间越来越漫长。

童年乐园期的延长清算完毕,那在对岸,在被认为是"成年"的一边,又有些什么新东西呢? 精神结构总体上已经僵化,但是它们的表现形式却随着时代风尚变幻不定。一说起这种可塑性,发现癔病(歇斯底里症)处在第一线不是多大的秘密。先来个独家新闻:随着家长制的灰飞烟灭,我们发现癔病无分别地涉及男人和女人。这就是神经症的常态化。就在几十年前,男人还依靠家长制及其强加的男人气概隐藏着他们的癔症:家族荣誉,赫赫军功和教会职位,等等。绅士们过去习惯于不惜一切可能掩盖自己的癔病,因为这会让他们显得女里女气,所以我们现在才发现歇斯底里的男人怎么这么多,发起病来的样子与女人并无二致,而且越有病的男人越是通过处处显示自己是个男子汉,非常爷们儿,非常剽悍,以此来掩饰自己的癔症。男人们争斗的症结变得一目了然:就是为了不做女人! 可他们越是为此纠结,就越可能被认为具有女性化倾向(下文中,我们使用"歇斯底里"这个词指代一种女性气质,尽管它同等地涉及男人和女人)。

现在,随着这个事实大白于天下,女性终于不用再被迫把两个性别的疯狂集于一身! 她们过去其实是在替男性生病,所以才经常病倒。伴随着家长制威慑的削弱,女性方面的癔病症状减轻了,相反地,男性一方的病情却大大加重。从此以后,男性发号施令的权力不再天经地义,性别特征反而让男性更为焦虑。

这种更合理的分配是一种进步,可是癔病今天要和哪个父亲一起才能解决它创伤性的纠纷呢?去教会通过天父解决争端不再可能,所以隐秘的危机会一直驻扎在青春期的边界上。相反,我们可以毫无芥蒂地、心甘情愿地向科学这一新的神灵献祭,臣服于它计算的光环。所以身体是被自愿献给医学的,哪怕离死尚远。同理,宗教的世俗化落实到要在死前建立人间天国;同理,对父亲犯下的错可以在此间从一个不再居于天国的父亲身上赎回;同理,身体可以在活蹦乱跳的时候就托付给医学,这个合格的代理人。

信仰医学比信仰它的前辈有一大优点:由于只迷信有机的身体,医学保证了一种一脸无辜状的纯真,又萌又低调。可是它并不会因此显得仁慈些,"新病理学"最漂亮的成绩单都是拜它所赐。昨天,犯罪感的价目表张贴在教堂的门楣上。今天,天使对错误的概念一知半解,与此同时,犯罪感却扼住了他的脖子:他已经意识不到这点了,既无视自己的葬礼和仇恨,又吸收了性暴力。纯真在他的脚下挖了一个大坑,让他越陷越深。这个洞叫什么名字呢?它有一个蛞蝓般粘乎乎的名字,一个什么都能往里装的名字:"抑郁"这个词一说出口,你还有什么话说?这个标签包罗万象,天使们可以继续做天使,在他们的洞里越陷越深。甚至在命运的某次打击明白无误地引发悲伤之时,天使也宁愿无视它。药物只不过遮住了裂开

78

的深渊并使之继续存在。如此一来,抑郁状态就会赖着不肯走:它以与天使主义相同的节奏不断扩大。在美国的疾病分类中,"抑郁"被药物的新徒众认为是一种"病"。可实际上,"抑郁"只是一个结果:对隐蔽的罪感的情感反应,一种自我攻击的攻击性情绪,无以名状的悲哀,甚或是性苦闷的面具。这种表层情绪不过是更深层原因的表征。古典时代的精神科医生绝不会品味差到把抑郁看作某种单独的疾病类别。的确,消除,哪怕是暂时消除一种精神上的痛苦,也是善莫大焉。可是抑郁症的痛苦是和它的无意识成正比例的。所以,每天销售出去的成百万盒药使得抑郁症旷日持久,确保了它未来的胜利。犯罪感、哀悼或攻击性的动机如果没有进入意识,它们就永远不会终结。比如,犯罪感都有一个无意识的原因,而要想觉察到这个原因,必须通过言语,然而,药物却在暂时缓解痛苦的同时堵住了患者的嘴巴,所以抑郁症迟迟好不了的症结恰恰在于药物。后现代社会的抑郁症形式范围广泛,不啻于在理想缺席及源自理想缺席的行为抑制的雪上又加了一层霜。

"抑郁症"首当其冲是罪有应得,因为它是无视处境和立场的多样性的罪魁祸首:它把癔病病人乐于穿着的时兴服饰涂上了自己的色彩。它可以易容成巫婆、阴谋家、革命者和冒险家。它也擅长玩消失,不再为任何人存在。这正是它在美国《精神疾病诊断与统计手册》第四版(DSM 4)中的得意之作:哦噗! 癔病人间蒸发。不过,这种变戏法可不是什么太好的事,严重的癔病因此又被打上了精神病的标签,收进医院并接受电休克治疗。哎哟! 好痛! 我们理解这些癔病曾竭力隐藏自己,因为与当代的主人游戏不再那么轻而易举了。今天人们不再游戏! 危险警示:有问题,首选外科或者药物! 古典精神病学已经四分五裂,神经生理学家或者行为主义心理学家到处虎视眈眈。他们看重的是,矫正方案应该很快见效。结果是数百万计的人日常药物性智力受损。前进吧,小兵!

癔病已经变了,其症状比起从前令夏科①亢奋不已的歇斯底里大发作,隐蔽多了。有人可能认为这种制度性下降源于针对这一神经症经常要开的安定药,不过,它也受益于一场更大规模的性解放运动,冲动性退行因此变得没那么激烈。的确如此,社会规定的性禁忌越多,欲望就越容易憋出病来。然而,性解放也是一柄双刃剑,因为性欲一旦不再遭到压抑,就必须在爱的领域经受考验! 禁忌和退行过去也有安抚人心的一面。性在后现代社会中孕育了一种全新的焦虑症。身体转向天使主义,而它的功能,包括性欲,应该自然而然地发挥。

---

① 让-马丁·夏科(Jean-Martin Charcot, 1825—1893),法国医学家,现代神经病学奠基人,被称为"神经病学之父"。——译注

昨天还见不得光的、隐晦的性快感,在今天变成了必须:媒体无时无刻不在谈它。性高潮已经变成了一种义务。

不过,这一命令不正是家长制最后的挣扎吗?强迫享乐仍然是料理与爱分离的性的一种手段,菜谱则由男性为主的大厨们提供。求爱曾经意味着无性之爱,现在好像是它的另一面大获全胜了。围绕性快感的单纯性的鼓噪掩盖了它与爱的联结的复杂性,这个课题是全新的,前所未有,结果造成了新的抑制。爱与性的联结强加了一种考验,处理不好也可能惹病上身。如果性役(区别于兵役)与爱同时变成强迫性的,那么男性面对性的时候就会有焦虑感,过去由于有父亲为他们撑腰,他们感觉不到。以前流连于烟花柳巷的少爷们(唯一的风险是与老爷子不期而遇)没有这样的焦虑,他们完全乐在其中。

在妇女阵营之中,这种对性欲的坚决主张提出了前所未有的问题:不仅仅是增多的问题,好像问题变得更大了,这还是一个转变的问题:女人变成了别的东西,是什么呢?要怎样知道何为一个女人?这意味着"成为母亲"还是"成为一个父亲的妻子",亦或是像《熙德》①中的女主人公一样,成为"一个

---

① 《熙德》(Le Cid),法国古典主义剧作家高乃依名剧。剧中男主人公和女主人公相爱,但是男主人公为了父亲的荣誉在决斗中杀死了爱人的父亲,而女主人公为了替父报仇请求国王处死自己的爱人。——译注

杀死父亲的男人的妻子"? 不再有现成的答案,因为天空已空无一物:不再有永恒的父使女性确信她的神秘,或者更准确地说,确信她的不存在! 被弗洛伊德形容为漆黑一团的女性的大陆被照亮了。如果爱情没有如约而至,又怎么符合强迫性性高潮的标准? 于是有了一些可能令人抓狂的当代律令。

天使们面对如何联结爱与色情的挑战很有可能选择超性的模糊状态。"大不了我飞走嘛! 给我来个汉堡,再来个冰淇淋,再来一个汉堡……多多的薯条,拜托! 食物没有问题! 看啊,在我的餐盘里,色情与食物天生一对! 这不就是个绝妙的天使庇护所吗?"食物的仪式合算地释放了性欲。即使食欲缺乏症和食欲过盛症不属于"新的"病理学,它们的爆发却是在今天。对天使来说,有机体的生活一直是多余的:活着的肉体,是魔鬼的居所,生活的残缺得以确立地位。必须为生活或者宣扬生活的东西划定范围。因此,轮到食物成为天使与魔鬼之间斗争的机缘:食欲缺乏症和食欲过盛症是与天使角斗的当代形式。

强调一种从前被压抑的性欲放大了焦虑,使它发现了一种并不新颖但在过去却被社会仪式吸收了的病理学。对这些社会习俗的淘汰使它特有的病理学特征暴露在光天化日之下:食欲过盛,食欲缺乏,纹身,毒品,酗酒。人类过去一直利用各式菜谱来料理自身的焦虑,只不过这些菜谱都是被整合到时代的理想之中的。比如,葡萄酒就是借助于领基督圣体的仪式而获得了高贵的性质。再比如,某些身体标记、纹身或者包皮环切,以前都意味着与精神或者上天等的联盟。尽管纹身曾在上古时代存在,在一神教诞生之后就消失了。它们离开了皮肤,因为众神脱离了躯壳,幻化成能量消散在以太中,简化为唯一的和不可表现的。圣书三教①反对任何自残的行为。只有上帝有权力留下自己难辨的烙印:"你们不可为死人用刀划身,也不可在身上刺花纹。"②然后,在他们的图腾崇拜再次写上身体之前,他们去岛上兜了一圈,那里的神灵生活在流放状态:在波利尼西亚,地上的万事万物都是由 *Atua*(即精神)赋予生命的。把精神画(*ta*)在身体上,纹成 *Taatua* 字样,可以为自己赢得它的垂青,或者保护自己不被它的怒火殃及。

可是从流放地回归的种类繁多的纹身却再也回不到从前了。它们不再代表某种性启蒙或者承继大统。它们意味着主体孤独的自由,他自愿放弃了一部分皮肤给魔鬼。结果就是,天使本人从此以后和平地统治着身体剩下的部分。事故、伤疤、伤害,反而减轻了他的痛苦,引领他走向自己。

对于天使来说,身体是额外的负担。还有什么比身体更不

---

① 指犹太教、基督教和伊斯兰教。——译注

② 《圣经·利未记》19,28。这一禁令在 787 年于卡尔古斯(Calcuth)举行的主教会议上得到重申。

纯洁、更淫秽、更下流的东西吗？也许是纯洁的需要造成了厌食症、缄默、哑症中的性倒错。可是就算欲望沉默不语，身体也还是个累赘，始终如恶魔一般。必须把它封印，施以黥刑，向纹身、穿孔(piercing)、剃刀的割伤低头：被摧残的身体才是理想的身体。它的疤痕限定了虚无的地位，并由此逃离了虚无。

人体艺术(*body art*)，人像划上伤痕，找到了自己的位置，最后一块抵挡博物馆文化的场所。身体政治(*Body politic*)，身体作为自属的自由表达的最后场所，变成了外部摧残和贯穿术的地盘。"现场艺术"(*live art*)的成就很久以来就在"虐杀电影"(*snuff movies*)那里遇到了自身的极限。在这类色情影片中，主角们会死于受到的家暴(你可以看到他们真的在镜头前死去)。

被钢铁污染的肉体，出现在柯南伯格(Cronenberg)和古本(Foukamoto)①的电影中。钳子，针，外科手术刀：从此都成为装饰。自残，品牌设计(Branding)：用烙铁纹身。人体穿孔(Body piercing)：打孔，各种环。钢铁开始入侵肉体。它把它机器化，工业化。刺穿人皮尝试痛苦：自闭的天使什么都感觉不到？这正是我们将要看到的！身体，当代艺术品，缺少仪式被神圣化，我们将折磨它，使它真实可感。这就像虐待和受

---

① 疑似作者拼写有误，因日语中不会出现 Fo 开头的拼写。——译注

84

虐,然而,并非如此:这只是为了试着去感受一具缺席的身体还活着。这是为了试着让它回到自己的盒子中去。根本不是为了让它被其他人承认,像在过去的成人礼上一样。不是的,这是一种反-成人礼:这是为了让它从社会场域走出来,进入自身。过去整合的仪式变成了驱逐的仪式。

后现代的仪式显得如此奇特,如此新颖是因为它们增长迅速却没有标志性的缆绳。或者是以其他文化理念(东方的、非洲的、加利福尼亚的等等)的名义,因为我们自身文化的理念已经要么边缘化,要么隐身不见。与喝葡萄酒相比,我们更中意印度大麻;与进修道院相比,我们更乐意到一座佛教小庙闭关,等等……旧制度父亲之名已经移居国外,所以它的症状也一并出走了。

这些实践不同于成人仪礼。在任何时代,任何文明中,后者都在生命从一个阶段过渡到另一个阶段时对肉体进行考验。它们也有别于打在皮肤上的不可磨灭的印记,后者意味着对某个族群或者性别的归属。割伤,穿孔,纹身,以及从某种角度上说也可以被包括在内的整容手术都不是某种向图腾或神灵致敬的行为。通过划破自己的皮肤,天使与自己,与自己身上魔鬼的部分进行论战。他在自己的表皮上划定了属于路西法的范围,他从自己的肉体上割下了他有权享用的祭献。

对身体的标记,施予身体之上的暴力并不是像这样只是根据每季流行趋势偶一为之。不是的,商品流通就是依赖于这种偶像制造。城市金属的星星之火(朋克,SM)把商品拜物教和后现代天使化的沆瀣一气暴露于光天化日之下。有人可能会认为这只是媒体哗众取宠的把戏,是为了阻止梦想而预制的虚拟现实。可是并非如此! 请看仔细,这都是身体自发的,没有任何人规划任何东西,预见任何东西。某一天,在伦敦国王大道(King'Road)的周边街道出现了一个朋克团体“世界末日”(World's End)。20 年过去了,他们的行为方式依然影响着各种时装秀,充斥着变态的色情,弥漫着皮鞭和手套的气息:蒂埃里·穆勒①迷死人的女人,皮衣和紧身褡,金属内衣,胶乳。让-保罗·戈蒂埃“高技”系列(high tech),炮弹胸,闪闪发光的皮衣,穿孔,纹身。因为战略家们占有了这些,商人就会用金子生产与过去撕裂了白人青年肉体的安全别针一样的安全别针。战略家和商人擅长此道。他们在郊区和棚户区中看到了未来是怎样来到的。等这个来了,他们略施手腕把它改头换面:成了! 你就变成了商品!

　　身体不再通过社会关系被分裂和重聚。后现代之我的划分已经彻底改变了意义。这个新体系发现了各种各样全新的

---

① 蒂埃里·穆勒(Thierry Mugler,1948—),法国高级时装设计师,蒂埃里·穆勒公司创始人。——译注

病理学,都是刚刚被提及的。从前,自我分为理想的自我和自我的理想。然而,自我的理想已经变得透明了。自我的分裂(Spaltung)现在转移到对理想的自我的认同或对这同一个理想的自我的反认同之间。天使和魔鬼的这场斗争在每个"自我"内部如火如荼地进行着。

后现代社会的精致身体依据一种四重运动编排它们的芭蕾。上帝下到凡间与撒旦会合,后者早已恭候多时。平行地,蓝色天使们投胎转世;不过,从此拥有了血肉之躯的他们不是来对付魔鬼帮的,毕竟后者也是这个世界的平凡居民。天使们和魔鬼们以相同的姿态缩进身体,在它的内部展开一场短兵相接的搏斗。昨日的失败者很快报仇雪恨。这个四重芭蕾意味着恋父情结的两个面孔具有了世俗的义务,同时天使们和魔鬼们从此在同一块皮肤上以自恋情结为战场针锋相对。总有一天,路西法,基督天使(Angelos Christos)的手足,会赢得胜利:他独占这具昨天尚属于二品司智天使的身体。全体天使因此变得可怕("每一个天使都是可怕的"[①]),平静得可怕,而且没有杀戮。撒旦擅长统治一个快乐的嘈杂的地狱,那里的人们以让别人流一点血(有时多些)作为消遣。

---

① 原文为德语:Ein Jeder Engel ist schreklich,语出里尔克长诗《杜伊诺哀歌》。——译注

如何画一个天使?

　　他诞生时,身体被先于他存在的那些大人抱在怀里。他们围绕在他身边,从他的外部呼唤着他。而他,神经系统已经长得足够大的他,在这个大的"他者"的目光下,浑身燥热,为听到他的声音激动不已。他如此热爱这目光和声音之火,以至于情愿投入其中化为灰烬。从此,注视和声音使他不得安宁:必须描绘,必须歌唱,快!被描绘和歌唱的,是不属于自己的享乐的身体:它首先属于大的他者。必须要表现它,否则它可能杀人。"看啊,多么漂亮啊!这是我,这是为你存在的我。还是把画中的我拿走吧:你照顾我,我描绘的一切,都是为你而存在的自画像。"

　　儿童最初的图画证明了表达上的这种神人同形论,比例完全没有任何现实的考量,全凭天生的感觉。身体承受的多余的快感就这样被反转到外部,被框在作品之中。有人可能觉得作品的框架划定了内在的外部边界。其实它主要是否定了外部的虚无。否定虚无的次要作用是确认世界不可能的存在。当你观看一幅构图精当的漂亮的小画时,世界就不再让你陷入到它的怀疑之中。如果这个拐杖没了,天然客体的存在空虚马上对你微笑并且召唤你:"来吧! 死在我怀里吧!"客体精于此道;一旦它的虚无不再被作品否认,小心点,虚无就会在你的脚下张开大嘴。

作品创造了身体,真实,把冲动的陷阱转向外部,不然身体恐怕早就上吊而死。作品的创作刻不容缓地确立了自己的地位,因为必须马上把这种潜在的破坏力外化、框定、命名。必须及时从这个破坏性的梦中醒来,否则它就会变成噩梦。由于升华作用过去受到限制,创造之美竖起了屏障以抵抗冲动可能引发的虚无:它在"外部"创造了一种极端"内部"的感觉。它把真实文明化了,把真实的暴力一分为二。它美化了真实的动物性。随便走进任何人家里,您都会看见:总有一件艺术的玩意儿,不然,房子是没法住的!

升华作用使死亡冲动的打击偏离了方向。尽管有些浮夸,马克·罗斯科①对亚伯拉罕和艺术家的行为进行的比较

---

① 马克·罗斯科(Mark Rothko, 1903—1970),原籍俄国的美国抽象表现主义画家。1970 年割腕自杀。——译注

还是值得注意的："亚伯拉罕的行为绝对独一无二,他的所作所为无法理解。没有任何普遍法则可以原谅亚伯拉罕要去做这样一件事。① 一个行为一旦由某个个体完成,它就变成普遍的了。这正是艺术家的角色。"亚伯拉罕本应把亲生儿子割喉,到最后却只牺牲了一头山羊而已:作品就是这头山羊。所以,罗斯科给了升华作用一个明确的定义:"我把最绝对的暴力囚禁在了每一平方厘米的真实画布之中……""这样一种致死的暴力,堪比向一个上帝献祭的仪式,这个上帝的力量是毁灭性的。如果你不想自身被摧毁,就必须通过描绘他的力量使他对你慈悲为怀。"②

死亡冲动,是厄洛斯(Eros)的夸张;经由目光或者声音变形为作品后,被哄骗的死亡变得楚楚动人。它的美学与那些以其美让我们感动的东西或表演不同。原因是,即使所有本质空虚的东西也知道扮靓,它也不会像艺术品那样承载着被哄骗的死亡:把利爪藏在其中的主体因此走出了本能给他指定的致命的非人格性状态:"瞧,至少有一个幸存者! 他为我们而存在! 他在自我之外呈现了一个梦幻般的身体,却从来不是他的:这就是他。你要是认出了自己,就买我吧! 你一样

---

① 指亚伯拉罕接受上帝的命令准备杀死长子以撒献祭。——译注

② 布鲁克林普拉特(Pratt)学院演讲,1958 年 10 月 27 日。

会得到保护。没有她,你是活不下去的。"

这样的一种升华作用超越了年龄和时代。它的姿态是超越时间的,但是它的包装形式却取决于时代的理想。孩子在纸上胡乱地画些球状身体,布满耳朵、嘴巴、牙齿的管状身体,直到他通过如此涂鸦来给自己讲述的历史弯曲了它的线条,与此同理,当下的历史决定了升华作用的表现形式。虚无在存在中的作用侵蚀着所有作品,但是历史却在存在物的生生不息中暂时延长了作品的生命。死亡本能住在外部世界。为了教化它而表现这个外部是不够的,还必须给作品补充一个历史,是它推迟了死亡的到来。通过讲述,静止的作品削弱了感性的毁灭力量,把它延宕至来日。除了提供原材料的本能,除了范畴和签名(主观存在),作品需要叙事。

"我嘛,当我还是艺术家时,我总在描绘我的理想:请看我在岩穴巨大原牛身上所施的魔法!请欣赏我在教堂里所作的彩色基督!请关注我在帝国时代的伟大战役!正是使人疲乏不堪的美同我虚与委蛇,把我推向作品。我只能依靠'理想'来忘却这运动之力:理想告诉我,明天我将存在,而且到时从这个未来回看,我今天已经存在过!"

最简单的造型艺术喋喋不休,讲述着一种展示了时间性的历史,实际上更多的是展示了把事件历史化的精妙素材,而不是事件本身的时间性。法老庄严呆板的神情,耶稣像痛苦的微笑,横刀立马的骑士冲锋之前的炽热目光:这都是宗教鸦片吸食者的绝妙毒品![1] 科尔多瓦(Cordoue)的阿拉伯装饰图案,伊斯法罕(Ispahan)的蓝色石头也许没有出现人脸,摒除了任何形式,没有人或动物的形象。但是,它们仍然传达出先知的教诲:"不要表现任何活物,切记! 这份空虚才是你存在的核心。"

艺术主体的表现主义一出现就上了历史的钓钩。我们绝不可能知道它最初的语言究竟会怎样,一个无历史主体的最初形式。时代的思想即刻把冲动的非时间性历史化了。一个艺术家无意识的构成与任何人一样,都是既基于昼间的,即日常生活的残留之物而构建,也基于发生在他周围的一切——可见的,无形的——而构建。艺术总是在一种与主流思想多少有些不对付的关系中发展的,而这些主流思想通常是当代大师们的思想。[2] 今天的艺术呈现了时代风尚中的霸权主义

---

① 马克思 1843 年在《黑格尔法哲学批判导言》中首次提出"宗教是人民的鸦片"这一说法。——译注

② 我们是出于近视才会把艺术归到精神自由和个人反抗独裁的创作自由一边。在美国,金钱的威力如同在法国的国家主体,对当代艺术进行了广泛资助。我们已经看到一种权力参与了对它独有的价值观的颠覆吗? 艺术通常被看作一个抵抗庸常化的场域,但如果我们审视大部分创作,毋宁说都是极端庸常的,而且表现出占优势的后现代主义意识形态的渗透性! 艺术家通常选择随波逐流,例外只发生在做不到随波逐流的人身上:在夹缝中,特立独行不受他们控制地开始萌芽,这无法预料,总是出其不意地爆发。

之处:身体的天使化,身体的爆裂,身体的病态消瘦。

对我们来说,既然理想的状况是我们避开它,那作品的包装将会成为什么样子? 科学的冒险家已经损害了叙事,使元话语极大爆发,以至于历史的意义不再咄咄逼人,让不坚定的身体泄了气。我们看到艺术表现日益抽象化,不只是因为艺术表现从来都是被对虚无的否认所砥砺的,这种砥砺成就了它的优雅,还因为历史的未来是它所缺乏的。通过明天来否定现时之虚无的梦想烟消云散。后现代主义净化了艺术的虚构:它使艺术摆脱了圣徒、迷狂的贞女、将军和他们漂亮的战争。同样地,后现代主义忘记了这洛可可式的一切,从形象中提取出抽象,然后穿越抽象抵达本能冲动,终归于无。结果就是,尽管它牢牢占住我们的身体,空虚反而一直更加困扰着艺术行为。①

这没有系缆的身体,是新生事物! 它过去从未主动意识到这种状态:现在,它将怎样表现自己? 一直以来,人都是在自己之外表现自己的,因为"自己"不知道他是谁。在岩洞时代,岩画的高超技艺已经表现出有一个超越表象的存在:精

___

① 升华作用的形式外壳取决于时代的意识形态。如同意识形态没有特定的主体一样,没有人能指认使得作品爆裂的天使化过程的责任者。不论是艺术家,还是评论家,抑或是艺术市场上投机的艺术商人,都无法操纵这一关系到整个社会的进程。最糟糕的是,他们沆瀣一气,并从中渔利。

神,神灵,灵魂引导着形式的轨迹,为它们裹上了某种或许远离了感性的风格,但是却因此意味着它们的诞生。现在呢,没有了这个彼岸的我们一丝不挂,作品将以什么为原形刻画我们呢？如果我们的前方没有一个理想之镜,我们会变成怎样？

一种隐秘的默契把伟大理想与艺术二者的命运相连。艺术比镜子更有把握表现我们真实的身体。如果在理想的缺席中,身体解体,作品应该会遵循相同的轨迹:它也会坠入抽象,分割,空白。非人化困扰着它。发生在艺术和艺术话语身上的一切正遭受这样的命运。"后现代"这个词最初在建筑和艺术评论领域被发明出来,远在哲学家使用它之前,这不是一个偶然。

我们变成了抽象天使,艺术建立了他的模型①:黑色的海滩,撕裂的画布,就是我们。那边那个耸立的扭曲的铁家伙,就是你的镜子。你已经变成了如此模样而浑然不觉。这些小圆柱上的白黑线条就是你我,从一个到另一个,蹦来蹦去。我们就是这样互相打量。我们提前发现了我们灵魂的肿瘤,我

---

① 独立于它们的美和美学理论,艺术品反映了被理想抛弃的身体的命运。它们的本能的挛缩为被包裹在孤独中的当代人某种独有的浮夸(pathos)提供了生动的注脚。研究艺术表现的后现代变形不涉及美学判断:无论环境怎样,一个艺术家总是会和时代的身体和解:所有人都能够随遇而安,只要他们使自我(le sien)摆脱死亡重负。只要是艺术家,就总有办法利用环境创作出作品,而不论理想的条件如何富有戏剧性。

们的面貌扁平且灰暗。这些形式像极了我们器官的分布:医生一个接一个治疗它们,没有故事,他们没有,这是定好了的,啊! 特别是,别整出故事!

某种程度上,艺术的身体表现为医学化身体的对位。"你的身体比你更科学,你的细胞每一微秒进行着几十亿次的运动:你的分子和基因在无限小的层面控制着你。"被数据机器化的身体与梦想再无一丝相似之处:它只是各种数字间的关联。数码化的身体失去了它的形式,被抽象化了。①

从某个角度上说,疾病的演变与身体在艺术上的表现方式奇怪地相似:作品在身体之外描绘了病症在身体上的痕迹。它在有机的身体上印上了梦想之身。症状好似一幅梦幻图景:这是书写在器官上的象形文字。身体的艺术表现随着理想变化,而症状把身体在时空中固定的方式取决于同样的偶然。在理想的自我和自我的"理想"的张力中,艺术作品和症状以它们各自的方式处理身体的快感。某种对于自我的"理想"的羞辱造成了冲动上的退行,并把症状摹写在身体之上。

---

① 在题为《回归身体》的一次采访中,让·克莱尔强调了近期艺术中自画像非一般的创作:"没有任何时代【……】曾经创作过这么丰富的肖像。面对科学日益专横的影响,这是通过艺术手段确认个人独特性的需要。科学把一切标准化,贴上标签,分门别类,并且预见未来。"《艺术知识》,1995 年 6 月,第 518 期。

如果想追溯后现代主义的滥觞,我们很有可能会追溯到第一幅抽象画,即追溯到对叙事最早的悬置。① 艺术作品一直受到抽象即精神之躯的意义的秘密的影响,只是不明显,因为叙事一直拉着表现向前走并且赋予它活力。一个时代的理想越是强制性的,它的艺术就越是形象的。今天,如同幻灭使得天使们扑倒在从此漂浮的身体上一样,艺术作品抽象化了,遭到了历史的抛弃。从一个虚拟的父亲到一种虚拟的艺术,作品的形式包装遗忘了它的叙事标志。②

叙事给明天带来了希望,尊重了本能的破坏性力量。可是,只要它稍一松动,九柱戏③就开始了。作品的不可变量轰然崩裂,四处飞散:这儿是画框,那儿是叙事,另一处是冲动,再远点儿则是落款,根据时尚的流转和天使的心情。天使在

---

① 对形象艺术中抽象行为的文学描述其实还要早于抽象艺术本身的诞生:在巴尔扎克的《无名杰作》中,作品的轮廓在它的作者死去之前就一点点消失了。

② 这难道是"圣像破坏者"的报复? 弑父禁忌使得表现上帝遭到禁止。可是,既然人是上帝照自己的面目造出来的,那么我们有权利表现人吗? 伊斯兰教倾向于禁止。反之,在基督教的土地上,圣像破坏者和圣像崇拜者之间的斗争在 8 世纪结束,最终倾向于允许对人的表现。这一切都肇始于一场神学论争:我们能否把基督天使画在图像上? 尼塞福尔(Nicéphore)证明,即使救世主(Messie)的神性一面是不可刻画的,他的化身却允许为这不可刻画之物标出范围。在被表现的面孔的每一边,画家仍然应该写上救世主之名,救世主之名证明了其本质的二元性。名允许表现,而在最初的运动中,艺术作品介于本能的升华和落款之间。

③ 保龄球运动的雏形,为旧时贵族运动之一。——译注

形象自我注销的时刻才最天使。

表现主义艺术于是降格为冲动的即时化,如同它借助于形式保持平衡,说实话,管他什么形式都行。说到底,冲动不过是把身体在完全适合欲望时应该成为的样子赋形的工具。总是与梦想扦格不通的形式扭曲、松弛、爆裂;不过,它是以某种方式保持最佳状态,不然它又如何以有限御无穷?"赋形"与"冲动"之间的平衡是亚稳定状态。抽象思维因此游离于"纯冲动"(比如颜色和声音,别无其他)或者是"纯赋形"(比如画框,这就是一切)之间。可是,只有无瑕的纯洁才适合为画家、雕塑家、音乐家①指定对象的天使。"形式"与"冲动"之间的不稳定性随潮流而变:譬如,抽象表现主义滥用了一种天然内在性(冲动)的修辞。但是,它很快就被一种相反的空洞的形式化取代了:大众艺术(pop'art)最平面的外在性把它的视角印在了世界的表象之上。

但是,抽象化从来不会得意太久! 既不诉诸于形式,也没

---

① 在绘画中显而易见的身体的抽象化,也作用于诗人、雕塑家甚或是音乐家的作品(因为梦想之躯也是音乐性的)。在音乐中,身体变得抽象,因为身体是在乐句中被觉知。乐句充满怀旧感地反映身体:它们是在绘画上塑造冲动的叙事的等值物,而当这种叙事解体,单个音的抽象化保留下来。与此同理的是当代诗歌中句子涵义的四分五裂:对音的捕捉把诗句的身体从它们的叙事意义中分解出来。我们或许在小说,甚至在哲学(解构主义)中还能找到一些等值物。

有一丁点叙事粉饰、手把手引导、最后推上舞台,这要人怎么表现啊!抽象化至少会有短暂的命数,它的内爆,它向冲动表现主义的收缩,后者被剥夺了特有的领地,在画框和签名之间四分五裂。一朝它的不变量散落了,作品也就自我洞穿了:它受制于自己的原点,即真实本身。作品早被推上舞台,以把真实文明化,把它框起来,签上名,而现在,这个野蛮的家伙走出了自己的画框,重获自由。

　　那些冒充艺术品的日常用品现在正大行其道:只有签名还是手工的。它们依然被软禁在一些特殊的围墙内:展厅,博物馆,但是这种状况还能长时间下去吗?马塞尔·杜尚第一个把日常物品引入艺术世界。可是,虽然很平常,那可不是个随便什么东西!那不是某个自有时间以来就被展示的常见的物品,不是的!通过这个像守门犬一般被一下子松开的小便池,排尿的冲动——破坏女王——第一个打开了真实的牢笼。从此以后,所有一切都好像发生在一场梦中,一小股无辜的尿流在梦中流淌,一点点淹没了世界。在梦中,睡眠者及时醒来。而我们呢?我们还要一直睡下去吗?你在睡觉?还是对我们而言,至少是在我们的天使生活中,虚拟正在一点点吞噬着真实?这意味着,一旦第一件日常物品进入了艺术领域,整个的真实或许应该一点点进入画廊和博物馆。天使们欣赏这种渐进式的延展:它们多么喜欢把世界变成博物馆啊!好的开始啊！随着外在与内在混为一谈，世界有可能变成一个巨大的博物馆，我们都是它的游客。艺术的专属空间最终将被摧毁，它究竟是无处不在，还是处处缺席，全看你的选择。展览终结了：元话语的后现代脱钩导致真实吸收了艺术。等到这一吸收被消费，爆炸的时候就该到了。砰！很壮观，不是吗？

您害怕了，不是吗？您害怕默许的自毁最后不可收拾，害怕作品就像挂在脖子上的石头一样被扔到水里，还害怕身体重蹈覆辙。您就放心吧！因为并不能确定艺术家会坚持到那美丽的爆炸发生的时刻。不如听听贝尔纳·维耐（Bernard Venet）在近期一次采访中对于观念艺术的表态吧："这项工作的特别之处在于坚持不使用材料创造形式：材料就是形式本身。就是因为这个理由我才常说，我的作品是自指的。"如果说"自指"意味着作品只与它自身有关，那么艺术家去哪里了呢？真实吃掉了他！艺术家消失在艺术对象向自我的转身中，它连风格都擦得一干二净。只要张口提出这个问题，它是会很乐意承认这点的：这正是"没有艺术家的艺术"。[①] 部分出于自恋的伪装，更多还是因为冲动的非个性化，表现主义才

---

① 对让-菲利普·多梅克（J.-P. Domecq）的著作《没有艺术的艺术家》书名的发挥。1994年 Esprit 出版社出版，2000年 Pocket 出版社再版。

会那么经常地伴随着那么多的画家宣言,而画家又都拒绝承认自己是作者。

这就是被引爆的作品,在它各种各样的不变量之上爆炸了,这些不变量昨天还是一环套一环地装在箱子里的。作品今天拾阶而下,从具象到抽象,然后从抽象到本能,最后从本能到这儿的画框消失、那儿的签名消失。不过,这还不是全部,因为作品的一头还钓着艺术家,他将用手中署名的合法性最后一搏,但是该来的还是会来,他早晚会放弃挣扎,甚至自杀了断。马克·罗斯科已经走下了这个地狱的台阶,直至得出了这个令人毛骨悚然的论断。他的 1949 年宣言证明他跳下了第一级台阶,从抽象到本能的一跃,他说:"我参与事物的实质。"他还在 1953 年给他的画作下了如下这个非常"本能"的定语:"它们的表面要么不断膨胀,向所有方向开放,要么就不断收缩,急促地从所有方向关闭自己。这两极之间有我要说的一切。"本能的脉动确实永不止息,游戏于趋向快感的扩张和当快感变得过分时的收缩之间。这份宣言还表明了对任何叙事的摈弃,代之以"绘画明度"的发明……这个发明应该被……"理解为消除画家和思想以及思想和观众之间的所有障碍。举例说明的话,我会特别指出记忆,历史或者几何。存在着如此多的泥坑,我们从中根本得不到任何真正的思想,只有对思想的拙劣模仿(都是幻想)。达到这种明度,一定意味着被理解"。①

一切叙事都消失……不过，的确如此吗？它不是比任何时候都更饶舌吗？与具象作品释放的信息可以立即被阅读得到相反，在后现代社会，叙事总在画作之外喋喋不休，声音来自批评家、策展人和画商。结果，展览目录中的文字比作品生产本身显得更有分量！② 缺席的流于表面的理想的注入是从外部完成的。还有更惊人的，从此以后，外在于作品的叙事不满足于只是一个后现代的评论，只引用同代人的观点。它还竭力把过去的广阔的文化纳入怀抱。像罗斯科这样一个画家，声称对一种去除了一切思想的理念怀有自闭的迷恋，却并不妨碍他的评论家们给他安上埃斯库罗斯、尼采、荣格的传人的名头，让他们来为一神教最杰出的形象站台。

然而，如果作品仅仅表现冲动，这种去主观化的放弃，艺术家马上就会请求画作的观众帮他一把：罗斯科创作了一些画幅巨大的作品，据他说，这些画迫使观察者融入画作之中。比如，他在1954年曾要求一个批评家介绍他那些画幅巨大的作品……"首先要做到看这些画的时候离得非常近，第一感觉

① 罗斯科，《绘画态度和宣言》(*State mind of institute in paintings*)，1949年10月。

② 宣称要在自己的绘画中清除一切浮夸的罗斯科，在这方面却最没节制。他画作的朴素与评论中惊人的浮夸简直不相上下。

就像是身在画中。"①

　　本能表现主义的激昂烧焦了"作者"。为了作者幸存下来，作品就必须被评论家评头论足，被观众观看。在观众抗拒、不懂、气愤的时期，如果"本能"艺术家没有什么缓兵之计，他就很可能消失在其创作中。他只有借助于制造丑闻才能活下来。1943年，罗斯科写到，他很享受公众"如此激烈地反对他们的艺术粗暴的原始性【……】这很容易理解，公众在自己的精神之镜面前向后退了"。若是没有公众的"抵抗"，这一"精神之镜"映出的可能是向深渊的坠落。

　　随着这向深渊的坠落，冲动最后的表层完全让位于死亡本能。是它在引领着一阙越来越放纵的舞蹈。在《没有艺术的艺术家?》里，让-菲利普·多梅克漂亮地使用了"新躁狂型学院派"一词来形容对标新立异不顾一切的追求。不过，这新意是什么呢？无非是对从前的抹杀、死亡本能发作时的精神错乱。人人宣称与过去的作品一刀两断，以至于和现在存世作品的决裂本身就被认为是个美学行为。此种对加速改变的

_____

　　①　这就是马尔瑟林·普雷内(Marcelin Pleynet)所谓的罗斯科作品中的"可居住空间"。在评论艺术主题位置的这一改变时，苏珊娜·帕杰特(Suzanne Pajet)在罗斯科展览目录的序言中写道："比所有其他人更多，这次的展览将把参观者置于绘画的考验之下【……】强迫其深入画作之中，从外在于现场的观者的角色中抽离。"

饥渴像极了科学的手段,而科学可是世纪的宠儿！它也不断地否决自己的过去！它忘记了自己的创始人,把昨天的理论抛在脑后:事关研究者的生存条件嘛,研究则生,发现则死。一个物理学家可以不知道伽利略、牛顿甚至爱因斯坦,但一个画家可以不熟悉戈雅或梵高吗？一切就像是进步的意识形态已经被应用在艺术的非时间性领域,由那些因为作品的激增而被赋予了叙事者角色的人来完成。这些新的叙事者是:博物馆馆长,画商,批评家。他们首先是对时代宠儿很敏感的人,他们想要人们为其供应标新立异的东西,越新越好！

作品狭窄的空间里包含着死亡冲动。这件美学的紧身衣可能很小,但是当它的叙事许诺了明天的生活时,主体也和它一起上了船,不明所以地微笑。由于叙事的缺失,死亡冲动集中在作品中,它的表现主义使它转向黑暗,恰如罗斯科作品最后的颜色。同理,布伦①作品的黑白线条使死亡冲动不但作用于自身,也作用于过去的创作:布伦喜欢把出生、死亡、结婚等的声明与过去几个世纪的杰作并置。他黑白相间的色带把死亡的猜疑罩在过去的伟大建筑之上,它们可都是以伟大理想之名被矗立起来的,正是多亏了这些伟大理想,厄洛斯曾经取得了胜利。

---

① 丹尼尔·布伦(Daniel Buren, 1938—   ),当代最重要的艺术家之一,擅长创作公共空间装置作品。——译注

克里斯蒂安·波尔坦斯基(Christian Boltanski)没有一点拐弯抹角地明示了死亡在作品中的作用,所以在汉堡博物馆举办的展览中,他追求一种"恐惧效果",展示了12张杀人犯和受害人的巨幅照片,照片上完全无法区分二者谁是谁。不过,这种挑逗性的混淆与他关于纳粹集中营的宣言比较起来简直算是小儿科。因为,他把自己的作品看成是奥斯维辛的纪念碑。比如,在一部影片①中,他宣称:"在之前的作品中,我使用了一些犹太人高中生的形象,但是为了这份虚荣之上的工作,我需要完全中立的人像(犹太人和死人很不幸地太经常被联系在一起)。而瑞士人由于没有特别地与某种悲惨的命运连在一起,所以他们的命运显得更具普遍性,因此,从某种程度上讲,也更加骇人。"确实,这些言论不可思议的轻浮马上提出了问题:当波尔坦斯基宣称"犹太人和死人"是同义词的时候,他的意思难道是指已经没有活着的犹太人了吗? 他是在暗示必须用瑞士人取代他们吗? 再一次把他们清除掉,剥夺他们直到悲惨的境地? 总之,灭绝得到了重申,并且通过瑞士人的中立性扩展到了全人类。正是灭绝给某种创作提供了准绳,在这个典型的方面。这并不是因为灭绝纪念,而是因为它重复和扩展。它正是后现代主义的范式。

---

① 1992 年电视七台播放。

白天使

家长制^①割裂爱与欲

在第二幕第二场的大幕即将落下之际,朱丽叶恳求她的爱人:"哦! 罗密欧……否认你的父亲,抛弃你的姓氏吧;也许你不愿意这样做,那么只要你发誓说你爱我,我可以不再姓凯普莱特……只有你的名字才是我的仇敌;因为你,你是你,不管你姓不姓蒙太古……我愿意把我整个的心灵,赔偿你这一个身外的空名……"

而罗密欧则回答道:"你只要叫我一声'我的爱',我就不再做罗密欧了。"^②

爱情与姓氏之间惊人的对立从何而来? 姓氏属于父亲,

---

① 法语中,表示"家长制"、"父权制"和"男权制"的词都是同一个,即 le patriarcat,故本书中三词实为一义。——译注

② 此段译文参考了朱生豪的翻译,个别地方略有改动。——译注

而家族中的重男轻女源于男性对父亲的爱,在父亲面前,他们最初就像女人一般。与此同时,儿子对父亲的爱却受阻于他对父亲之死的暗盼。他盼后者死是因为他恐惧被父亲女性化。在该焦虑的作用之下,儿子转向一种矛盾的异性恋,而它的入口却是一种同性关系。结果,父权社会就用这种社会关系定义了自己,奉儿子爱父亲为圭臬:它以有利于父系血统却有损于母系血统的方式解决了矛盾。在这样的条件下,若是男子爱上了女人,其实是因为她们代表着他们差点成为的女性自己。他们对她们粗暴以待,恰如他们害怕被这个"父亲"粗暴以待。他们的女性之爱源于对这个偶像的崇拜,等到他们遇见一个女人,他们就向这个偶像求助。

对父亲的爱把他们束缚得越厉害,他们离对女人的爱欲就越远。爱情与性欲一直处于彼此割裂的状态。婚姻一直是父母之命、媒妁之言,其中没有一丝一毫的色情成分。矛盾的是,性爱在道德和法律的边缘却盛放得无比娇艳。那些"没有婚姻的佳偶"(都是些野鸳鸯)与"没有爱情的婚姻"(女性在婚姻中只是用来传宗接代的交易品)形成了鲜明的对比。第二种情况,也是大多数人的情况,除去夜里的有限交流,在绝大多数时间里,都是男人和男人、女人和女人一起度过的。

只不过才几十年功夫,爱与性的结合已经不再被认为是一种边缘现象。以爱作为家庭的基石只是一种当代现象。在此之前,家庭的重心是传宗接代以及财产分割①(直至今天,门不当户不对的婚姻依然是特例)。爱的激情与合法婚姻的对立也反映在统计学结果上:从这个意义上说,非婚夫妇数量的增加意味着爱情的胜利。

由于家长制把爱与欲望割裂开来,男人和女人彼此寻觅与相爱的理由远非一致。男人渴望女人做他们的影子,然后,在父亲的祝福之下,顺带爱女人一把。在女人这一边,爱上男人是因为他们把她们从这个父亲手中解救了出来。于是,她们的性欲应该都因此受到了抑制,就像最常发生的那样。据说,一大部分女性在 35 岁之前不知性高潮为何物。性高潮如此姗姗来迟,可见这一抑制之烈。

相爱的理由与欲望的理由并不一致。如果这堵墙倒掉,这不是说爱与欲的异质性消失了,而是这种异质性被简化为单纯的阉割焦虑,对每个性别都一样。直到现在一直在彼此逃离的男男女女只是在夜里、在梦中才会偶发性地相遇。他们成立了家庭,生了孩子,这通常是出于爱情以外的理由,即便是出于彼此的爱慕,却又把性欲放在了爱的反面。他们眉

---

① 在关于贝阿恩地区(Béarn)家庭关系的一个研究中,皮埃尔·布尔迪厄指出,今日的家庭主流仍然是门当户对,出于保存财产的目的而缔结(《单身与农民处境》,《农村研究》第 156 期,1962 年)。

来眼去,预感到鱼水之欢的可能性。他们相隔千里,尺素传情。他们的相遇只是一个文学性的事件,甚至就是文学本身,是暧昧的芳心暗许(non-rapport)。恋人才写信。信件握有其梦想的精华,正是以抒情的名义,奥克语地区的宫廷诗人们最早认出了爱情。

这种绝对的诗学是每个人的真相,其中一直存在着男女之间的有色情意味的爱情关系,但在现实生活中,人们却盘算着这应该在多大的程度上成为例外:当女性被像猎物一样追逐,成为男人的奴隶,像货物一样根据一些仅仅出于侥幸才具有"象征性的"教条(列维-斯特劳斯可能不乐意听我这么说)被任意交换时,这样质量的爱情怎可能达到?有色情意味的美好爱情过去主要生存在幻想之中,而且在它的文学衍生物中盛放。尽管在每个男男女女聚集的地方肯定都有它讨债的身影,社会始终都把它看作多余的客人,而且老实说,认为它偏僻乖张(hors-la-loi)。① 或许有过一些例外,然而,直到晚近,性即便没被污名化,也是一直被与爱隔离的。

在《爱情与西方》中,德尼·德·卢日蒙(Denis de Rouge-mont)引入了一个爱情历史性的观念:他把爱情视为西方在

---

① 《红楼梦》第三回《贾雨村夤缘复旧职林黛玉抛父进京都》中描写贾宝玉:无故寻愁觅恨,有时似傻如狂;纵然生得好皮囊,腹内原来草莽。潦倒不通庶务,愚顽怕读文章;行为偏僻性乖张,哪管世人诽谤! ——译注

11世纪的一大发明,最早出现在法国奥克语地区和意大利北部的宫廷中。尽管原则上,基督教对爱情和女性持正面的看法(与其他宗教相比而言),但是实际发生的一切却像是基督教社会继续依靠图腾崇拜似的,因为正是图腾制度确立了父权作为不可撼动的准则的地位。爱情只会随着以骑士之爱名义羞羞答答登场的"没有婚姻的佳偶"的出现才开始变得具有价值:一个男子爱上一个女人,其中没有任何传宗接代的考量。此外,众多"爱情宫廷"的敕令裁定激情只能存在于夫妻关系之外。骑士之爱剔除了爱情的色欲成分,或者至少是把它与家庭的考量分开来看。纵然女性在此没有被等同于商品,她还是被施加了暴力,被当成了一件无性的物品。一个女人,喜欢被歌颂而不是被抚摸,这得什么境界?情人剥夺了她的身体,从而把她一剑穿心。他的诗篇把她囚禁在自己的处女情结、恋母情结之中。这种与圣母玛利亚非常相配的去色情化,通过把性欲与爱情的分化推向极端的方式消解了女性身体,把男权制合法化了。这样的"精神"之爱,不过是强奸的另一张面孔。

自然,爱情不可能是真的到了那个时代才被发明出来的(没有它人们怎么活呀),但是卢日蒙的论点却照亮了一个重要的历史时刻。当此时,历史上第一次,一种脱离了肉欲的纯粹爱情受到了歌颂。从此以后,爱情的这种神经症特征被认为才是真正的爱情。然而,真正的爱情不同于神经症的爱情,后者是把童年时的幻想放在当前的人之上:你以为爱上了一个男人,实际上,你爱的是一个父亲,是把爱的冲动与性后果分开来的结果。这不是因为11世纪以前爱情可能不存在,不是因为这种感情只因有了一个死鬼父亲配一个处女母亲的一神教的恩赐才得以出现,而是因为爱情一直被用来制衡快感。不过,它只有在家长制的统治下才仅仅具有边缘价值,因为后者需要孩子继承父亲的姓氏,并且以此为曾经幻想过他的死付出代价。家长制家庭就这样孕育了爱与性欲的分离。最终,欲望和快感为了家族传承而被压抑,被认为只具有附属的价值。

要怎样解释家长制如此长盛不衰呢?男人和女人都是以各自的方式与父亲和解:男女有别,不过直到现代始终都是男人受到偏袒(实际上,两性都因此付出了快感受损的代价)。

对男人来说,父亲以女性化相威胁,但是作为补偿,他许诺了一个雄性的身份认同,这是爱情之源。对女人而言,则是另一个问题:阉割不能令她们印象深刻,因为这个痛苦已经铸成。相反,复仇是当务之急,叠加在取回是非根(即阴茎)的愿望之上。不同性别对父亲怀有的矛盾情绪是不一样的。一开始,男子像爱一个女人一样爱着自己的父亲,通过认同他(杀死他)而成长为男子汉。对于女人而言,复仇,或者一种修复的渴求伴随着强烈且直接指向性的爱恋,因为她想找回阴茎。两个性别在矛盾情绪内容上的这个差异诠释了家长制的千年不衰。对男子来说,矛盾情绪需要儿子对于父亲的一种象征性修复。夫妻关系没办法做到这点,而对于女性则相反,矛盾情绪需要在婚姻的舞台上还清旧账。她给男人的任务是把父亲取而代之(杀死他)。男性的相对优势更多在于这一独特的地位,并不全是体力上的不对等。这一地位的收益被转入了他对父亲的同性恋的户头。

家长制占据了上风。因为对男性而言,债务在男人间解决,从儿子到父亲,在一个以宗教方式安排赎罪的公共舞台上。每个男子身为人子,与兄弟们一起组织赎罪仪式。每个男性只有在把祖父的姓氏冠于自己儿子身上的时候,弑父的幻想才完美地得到救赎。对女性来说,快感的代价是面对面解决的,是以私人的名义。从一开始,在公共空间织就的关系就比面对面解决的关系更有优势。城邦的组织取决于这种公共舞台,与此同时,私人关系从家庭①中获得满足。

男性对债务的处理组织了城邦,与此同时,他女性的一面延长了被压抑的享乐焦虑。很多女性也偏爱家长制,她们也

① 城邦不是家家户户的总和或者一个扩大的家庭:参看亚里士多德《政治学》开始部分。

一样可能会为自己的快感而焦虑。在父权制的范畴内,不只是男性抛弃女性特质。女人自己也可能会放弃它,这通常发生在女性不但要承受自己的阉割焦虑,而且还要承受配偶的阉割焦虑的情况下。结果,女人只有走过漫长的道路才得以洞悉快感的本义。大多数女性在生活中都是很晚才体验到性高潮,这是因为她们需要时间来摆脱父亲的爪牙,他们当然更喜欢小女孩(她们的童贞让他想起自己曾经梦想拥有的母亲)。必须先要有许多爱情的苦痛,父亲才会放手并且心甘情愿地走开①,比如,在丈夫与情人二选一的情况下。

男性的阉割焦虑使得他非常重视传宗接代以继承家族的香火,体现在给自己的父亲一个儿子。与此相反,女人们则更重视爱情和馈赠。因为一朝她放弃了父姓②,快感就使一个女人失去了个性。这份放弃具有象征性谋杀的涵义。说"弑父"影响女性快感意味着靠近一个女性的男性必须首先解决和这个女人父亲的恩怨。弃父姓从夫姓的转变在大多数文明中象征着族外婚的状态。独立于这一社会实践(偶然的)之

①　弗洛伊德以其非凡到令人吃惊的直觉,想到了用"黑暗大陆"这个词来定义女性性欲。这个颜色很配父亲的女儿,特别是当她成为战士的妻子的时候:她脱下了童贞的白裙,换上了守寡的黑色。

②　此外,这种去个性化还被男性的习惯性反常恶化了。他使用种种暴力以求把自身的女性特质投射到她身上,只为了自己能够自我感觉是个男子汉。

外,女性性高潮需要日常生活舞台中的这种勾引的幻想。在性关系中,男人享受着女性的快感,它对双方都有价值,作为交换,男性姓氏的馈赠也对双方都有价值。但是,因为只有姓氏显现,因为快感的馈赠被遗忘在姓氏的馈赠之后,家长制坐收渔翁之利。

孩子继承了死去祖先的姓氏,这一馈赠是以女性快感的压抑作为交换的,对快感的幻觉恰恰蕴含着死亡的意味:孩子保证了父亲的永存,而女人却意味着他的灰飞烟灭。它安排了它的结局,在安排的双重意义上,即"被安排的"以及在这个安排本身中"消失的"。

女性快感的条件于是要么是冠以丈夫的姓氏,要么是与它等价的馈赠(如珠宝、金钱、财产、孩子)。但是,不管这些财富多么巨大,它们都达不到女性一方期待的馈赠的高度,作为快感的先决条件。除了全部的爱情,还有什么东西能与如此珍贵的馈赠等值? 只要她开口,他就必须准备好为所爱的人而死(这里的"死亡"是一种比喻,意味着他的忘我)。所有其他的馈赠:珠宝、金钱、姓氏甚至孩子们都仅仅是这样一种爱情的信物。不管多么美好,它们永远都比不上价值的原始来源,即一份至死不渝的爱情。无论男性的馈赠多么慷慨,它们的价值也永远不会高于女性赠与的快感的价值,这份快感只有绝对爱情的馈赠——隐喻的意义上即死亡——才有可能补偿。

他在所爱的她面前被爱情消灭,她才可以体会到"值得"的感情。唯一没有交换物的馈赠就是这种虚无交换虚无的馈赠。由此稳定下来的死亡冲动卸下了重负,同时性补充了爱情。男性爱人因为热恋失去了作为男身的存在(他的自恋),却借助色情重新获得了它。这种对于死亡冲动的文明消费,只要爱情和性欲指向同一个人,就会发生。除了神经官能症的爱情不能满足这个条件之外,家长制的根本特征是男性对父亲的爱,而父亲又使得这一联结无法完成。

女性性高潮需要一种如此绝对的馈赠,以至于它因此变得令人畏惧。这并不只是因为公共舞台(男性的)和私人舞台(女性的)之间的不对称性赋予了家长制一种优势。这尤其是因为这种特权一旦确立,它就被用来为一种激烈的镇压服务。男性也许是自讨苦吃,不过他们也真的是没有什么好办法去偿付。赠人礼物至少希望能听到一声谢谢。但是,一个女人的快感是不能收买的。她得到的越多,就越自我拒绝:她是不能被殖民的。臣妾做不到啊!结果呢,女性的快感成了男人的恐惧之源,并且被兄弟关系用尽各种手段压制了。想想吧!它是白纸黑字写在《圣经》里的:你不该偷你邻人的妻子、他的骆驼和房子。作为家长制的顶点,"十诫"把妇女放在了商品的货架上,不能偷窃。不过,在那些可以交换的小东西后面,男权制度一直努力地掩藏着此类"尤物"(Chose)的快感：这统治着商品世界并赋予它价值的女性的不确定的大写字母。绝对的馈赠，性高潮确立了一个大过任何其他价值的价值，这是那些被活着抛入商品循环之中的最早的女奴在完整意义上的唯一馈赠。

在家长制的交易系统中，女性因被当作女孩追求而更容易被认为是商品。她们勾起了父亲身上的乱伦欲望，所以父亲抛弃了她们。女孩子通常因为这个理由遭到排斥。明显的结果就是族外婚，是乱伦恐惧决定了交换女儿，而不是交换女人。通过抛弃女性成员，家长制把性创伤转移并植根于社会关系的核心。

女性的快感让男人焦虑：他必须承认她的阉割和爱情的救赎力量，而爱情在第一时间就摧毁了他。与其做这样一个被奴役的男人，不如做一个儿子！比起单纯做个儿子，还是当爹来得好！男性过去更乐意扮演妻子的父亲，特别是因为她们一旦进入了女儿的角色，男性就能和她们继续玩他们以前与母亲被迫中断的乱伦游戏。通过绕开坚持内婚制的欲望，家长制只承认母亲的社会身份，而不是女人，因为女人仅作为万般引诱的被动的姑娘而存在。对女性的欲望，在这种情况下，既乱伦，又淫秽，唯有送一个孩子给父亲的欲望才能为它张目。女孩或母亲：男性提供的这个霸道选择题里，没有女人的位置。

美好的绝对之爱,在被封锁在童贞之中的雅典娜或是虽胸部裸露却站在街垒①上裸露的玛丽亚娜之外,便再无存身之地。从最近处——共和国(respublica)的力量——到最远端——女性性高潮引发的焦虑,男孩子们压抑了性爱、女性气质、快感,好方便他们对父亲的爱,这份爱隐藏在传宗接代天经地义的背后。

家长制时代的男人想做父亲是为了他们的父亲:这是他们为人子的义务;他们被一种被动的甚至是女性的欲望激励着,以至于因此与妻子成了对手:拒绝母亲拥有任何父母的权威,仅凭这一点就够了。如果男人更多是想要和他爱的人生孩子,而不是为了他们的父亲才要孩子,新气象才会开始。孩子们或许将继续保留父亲的姓氏,但名字中将不再有他们爷爷的名字。

①　影射德拉克洛瓦的名画《自由引导人民》。——译注

家长制的崩溃

直到昨天,都必须给父亲一个儿子,儿子是爱情的条件。他的姓氏和子孙被提前绑定。某种硬纸板做成的象征性的父亲迫使以他姓氏的名义相爱。结果,从家长制一开始,爱情与性欲就分道扬镳了,只会偶然相遇。今天,后现代主义——它的终结梦想的梦想(比起说终结世界的梦想好些)——已经边缘化了宗教的虚构叙事,而宗教丧失权威则引起了父亲情结的土壤滑坡。父系的伟大偶像失去了合法性,隔离爱与欲的那堵墙倾颓了。

这就是诸多骚动的罪魁祸首!昨日偶像的狂恋者吓唬我们说:明天是丑陋的,必须厚古。他们通过展示可能发生的事来吓唬我们:基因操纵,克隆,基本粒子,人园。[①] 到处都能听

---

① 仿动物园。——译注

到家长制原教旨主义的呐喊:"你们看呀,不会有好果子吃的!睁眼瞧瞧这些淫书浪画吧,这些支离破碎的身体,这把你们握在手心里的无休无止的刺激!还有这遍地的鲜血!与我同在,这些杀戮日益增多至少还有高贵的理由。你们过去不是需要一种灵魂的补充在你们外面包一层铅并让你们心安理得吗?我是愚弄了你们,没错,但是没有我,你们享乐过多,这会让你们一病不起的!再说了,你们多么怀念我的帝国呀,一个个都自以为是天使!可都是多么古怪的天使,比路西法还要急不可耐!小心呀!无父无社会!"

并非如此,可要看清楚了:只有一个父亲偶像一点点离开了舞台。求之不得!确实,退后一点看,抽象地看,家长制的父亲显得像一个平和的人。真是忘性大!最好是把他看成一个可疑的人。别忘了你的圣诞老人是圣尼古拉的哥们儿,他的长袍之下藏着一个有裸露癖的屠夫和儿童杀手!而且这种平和代价高昂:它的代价就是一种犯罪感,把美好时光过成了神经官能症。结果,不管是出场,还是退场,供养家长的代价都高得离谱。我们可以与犯罪感相安无事:这是仪式、牺牲、工作的问题……一句话,钱的问题!不过,最痛苦的还要算这个父亲对于爱的索求无度。他无休止地榨取爱,使它最好的部分避开了色情。无价之宝(*Priceless*)!为何使自己被那些与他类似的偶像缠住?宗教和家长制纸糊的象征可以寿终正寝了:父亲的姓氏并不会因此就更不健康,它们将另做打算,如此而已。

因为,父亲的功能不是在同一个空间展开的。[①] 作为俄狄浦斯情结对抗关系的父亲一方,他的天地现在是一个私人空间:由父母和孩子三方组成的小家。与之相反,祭祀一个死去的父亲却要求有一个族外婚的空间。因为,一朝父亲被清理,杀手们可以相聚在他们的行为刚刚毁灭的家庭之外的空间。正是在这个外部空间,这个黑手党编织起了社会关系,以宗教的说辞为借口哀悼弑父行为,缺少了这个行为,这种社会关系也很可能不复存在。父亲情结有两副面孔,死者的面孔和生者的面孔:在一神教的所有时间里,永恒之父一直是人间父亲们的坚强后盾。树倒猢狲散:随着这个被永恒化的父亲倒地,父亲情结也灰飞烟灭。

在后现代社会,只有父亲的第二个功能(宗教性的)风雨飘摇,但结果并不是真正的衰落,不如说是一种改动:内婚制的父亲继续起作用,而宗教的父亲被废了:那个被虚构捧上天国、作为极端性创伤的始作俑者的父亲失业了。从前,永恒之父(在天上)使得男性的父亲大体上是可以交往的(在地上)。

①　康托罗维茨(Kantorowicz,中世纪史学家)在他的著作《国王的两个身体》中展示了旧制度的君主是怎样死生同体的("国王驾崩,国王万岁!")。这一双重性使他合法化,象征着父亲的两种功能。

在每个人间父亲的头顶三尺之上，他已经被永恒化的姓氏使他变得文明起来。现在，这个神明倒下了。父亲的姓氏从此委顿于地。这并非是父亲大人身子歪了(可怜的家伙)。这毋宁是因为他已不再处于我们期待的位置。父亲的两个功能从此都落了地，现身在我们的眼皮子底下：你们就不要再白费力气把它们捧上天了。

父亲功能的这种深刻嬗变是否意味着他们的没落呢？今天并不比昨天多些或少些：这是因为父亲总是会让人渴望宗教能发明一个圣父出来，尽管圣父本身也并非十全十美，毕竟恶存在。从古至今，父亲被控诉名不副实(圣女贞德已经给出了例子)。因为象征的父亲总是死去的，所以可能对所有父亲做出的指责就是他们竟然还活着。当父亲真死了，彻头彻尾地象征性的，他还是有待改进的，因为他已不再能响应呼唤了(耶稣已经抱怨过了)。父亲的缺点看起来不可救药并且这一定论不限于某个具体时代。俄狄浦斯情结在后现代社会当然没有自行消亡。家庭继续发挥作用，虽然其组织与以前大相径庭。这不如理解为，家长制一旦被边缘化，孩子要比以前任何时候都更多地成为一个男人和一个女人的欲望的孩子。

反过来说，如果活着的父亲的性欲不再被宗教的永恒之父象征化，父亲的功能将会遭遇某种怀疑：父亲将被怀疑是强奸犯，处处受指控，甚至那些最大国家的首脑人物也不能幸免,乱伦调查铺天盖地。有些一家之主因为社会工作者模模糊糊的怀疑或者前伴侣的指控而身陷囹圄。人们到处逡巡以求所谓的父亲失德的蛛丝马迹:有些孩子因为画了几张有性暗示的涂鸦而被要求进行心理测试,或者因为和班里的同学玩医生-病人的游戏而被拖去进行精神治疗。

又是谁在对这些"坏父亲"指指点点呢? 不是那些"好父亲"还能是谁? 这都是些从性别角度看已经完全死去的父亲:法官,教育者,形形色色的"心理学家"。正是他们诊断出父亲功能的没落。他们因为指望接过在他们看来正在逐渐消失的"好父亲"的班而抱怨得愈发义正词严。父亲缺位的评定与他们自封的角色成正比:戴着假面前进(*larvatus prodeo*),父亲的人设再一次面目可疑,跟他过去的一模一样。

作为这场"好父亲"和"坏父亲"追逐赛的一个例子,司法案件的激增符合行为合法化的场合变化。另外,比起诉讼数量的上升,诉讼实质更引人瞩目:人们要求法官解决一些在昨天还超出其能力之外或者本不该由他们来一锤定音的问题。比如,几十年前,没人会担心一个被强奸的妇女。爸爸牌医用棉(ouate à papa)缓解了这一切:激起欲望的女人不能得到父亲的关切。

这种在"好父亲"与"坏父亲"之间的区分为父亲情结的全新的水平分布提供了一个重要指标。还存在大量其他迹象:

比如,数据统计显示男主不是孩子亲爸的家庭数量在上升:这意味着有两个父亲。双重父亲的世俗现实符合父亲姓氏的新格局(而且这非常忠实于俄狄浦斯的故事,因为俄狄浦斯也有两个父亲)。

在这个意义上,当前家庭破裂数量的相对上升并不是源于某种更大的自由。这是因为男性一个人无力发挥父亲的两种功能。父亲可能不再能够想象如果他被自己的亲生女儿置于死去的父亲位置会怎样。他唯有通过逃避来拯救自己,获取安全的生活。当死去的父亲不能清楚地区别于活生生的父亲(以前有宗教就可以),父亲们都为要承担一个置其于死地的角色而惊恐万状。这就是后现代男性的新的焦虑的源头:"她以为我是她爸!"没有什么比这事更能中止欲望的了。扮演禽兽父亲,还可以凑合,可是"做一个父亲"超出了边界,一旦超出边界,一对夫妇就处于某种相互监护的境地,有时,这令人舒服,然而,还是致命的。在这样的情形下,父亲会选择在此时此地专注地做一个父亲,却到彼时彼处过自己的性生活,因为彼时彼处有另一个男性在他的位置扮演着不同的角色,即教育者父亲的角色。此外,他的妻子也面临同样的问题:她如何才能去渴望一个"全面"的父亲,即同时是她和她的孩子的父亲的男人? 必须尽快地分裂这样一个整合的父亲,把他分解为别的模样。

精神分析在父亲姓氏的这一新格局开始显山露水的时刻被发明了出来。回答"何为父亲"这一问题并没有现成的答案：在一个父亲是复数的世界里，有一些遗留问题。精神分析师不会自我代入一个缺失的父亲角色。的确，会发生分析师被来访者当成父亲的情况，而这种表面的身份认同使得有可能去解开一个结，就是固化为症状的性创伤。然而，在疗程结束时，分析行为会让硬纸板的象征性消失，是它虚构了俄狄浦斯情结的舞台背景，以各种幼儿期性欲理论（其中就有宗教）的形式。

　　直到昨天，甚至就在今天早上，一个男人爱着一个女人并不仅仅因为她可爱，还为了某种比她更重要的东西：一个隐秘的父亲的形象，威胁性的。今天，这幅肖像变得模糊不清了，回到了应有的位置。结果呢，女性的轮廓走出了阴影，日益具体，终于清晰。每个女性个体也许更愿意不知道她是什么以及她想要什么。每个男性个体也许会怀念那个父亲名誉决定一切的时代。但是，这已不再取决于他们个人，而是各种理想的现状。他们现在必须面对他们过去所不了解的个人与性的关系。他们或许更愿意一直做个梦想重回灵薄狱的天使，而不是面对这一考验，这一相遇的电光火石。不过，走出父亲房子的时刻来临了。必须抛下亲情，与人性保持距离以重逢人性。当一个男人遇见一个女人，父亲和兄弟都要抛到一边，六亲不认。奇特的旅程：必须走出昨天的人性，才能重逢未知的原始的人性。是谁说过再也没有处女地的？

　　性已经自由了吗？无论如何，今天并没有比昨天更坦然，目光总是躲躲闪闪。也许昨天更坦然些，因为在过去性一旦成为卖淫，那可是要实际得多！只要跨进了妓院的大门，什么礼义廉耻之类的全都抛到脑后。现在则相反，羞耻感平静地体现在它的简单性之中，奇怪的羞耻感，无人关注的：只有性欲不可粉碎的夜和在它身前守护着它隐秘的猥亵性。

　　自由降落在叶公好龙的男男女女的肩膀上。当科学悄无声息地把宗教边缘化并顺势干掉了被教会合理化的家长制的时候，自由实现的条件就已经齐备了。结果造成了某种错位：男性和女性都不再以相同的方式看待对方了，在他们尚未真正意识到后果的时候，后果已经随之而至，而并不管他们是否真心想要这份自由。

　　在父亲的屋子之外，两性彼此害怕。因为这份自由不是一个合适的主宰。它让女性失去了童年的安全感：她们本可以选择她们不害怕的男人，同时永远做个长不大的小女孩。它让男性焦虑，逼着他们面对自身的男性特征却没有来自父爱的支援。我们想象得到男人的恐慌，他失去了家长制的依靠，又想继续像从前一样摆父亲的架子：女性快感意味着他自身的死亡呀！或许他依然可以碰上一些女人甘愿让他扮演这一角色。但是，在社会中，这种信仰的支撑点，他从此不会再有。因此,在任何既非女儿亦非母亲的女性面前,他都很有可能在欲望上遇到严重障碍。

女性对他是种威胁,而且这种恐怖源远流长。她从时间深处缓步靠近,是从万神殿下凡的毁灭性力量:她的名字叫西布莉①(Cybèle)——安纳托利亚高原(Anatolie)上头发蓬乱的疯女人——,叫塞克美特②(Sekhmet),狮子头的埃及女神,叫迦梨(Kali)或者杜尔迦③(Darga),嗜血的印度女神。然后,她慢步朝我们走来,不断变换着面具和名字:雅典娜,圣母玛利亚,骑士之爱的美人,玛丽亚娜……她现在叫什么名字? 她已经走出神话了吗? 她们还有新的名字:芭芭丽娜(Barbarella),克鲁埃拉(Cruella),吸血姬(Vampirella)。④ 这些有点反常的铁血巾帼占据了男性的性幻想,把父爱和他的暴力资本化。从神的授权中解放出来的神奇女侠(Wonderwoman)和劳拉·克罗夫特(Lara Croft)⑤伸张正义,成为法律的化身,随

---

① 古代地中海地区崇拜的女神,是众神、人和动物之母。情人是丰产神 Attis。她的祭司称为 Galli,须先自阉再上任。在她的祭典上,Galli 必须将自身的血溅在她的祭坛和她神圣的松树上。——译注

② 埃及女神,拉神用她作为武器利用男人的软弱去攻击男人。——译注

③ 印度神话中湿婆神的两个妻子,均擅杀戮。——译注

④ Barbarella, Cruella, Vampirella 这三个女主人公的名字中分别嵌有野蛮(barbare)、残忍(cruelle)、吸血鬼(vampire)三个词。——译注

⑤ 《古墓丽影》的女主角。——译注

身自带格杀勿论的许可证。在武器装备上,她们让人血脉贲张,也令人焦虑万状。意欲亲近她们的男性不再需要如父如夫,因为她们足以自我保护。在令人兴奋的幻想中,"战斗的女人"取代了"战斗的父亲"。芭芭丽娜和她的传奇姐妹就生活在我们中间,从漫画中走了下来。但是,主要还是男性在想象中赋予了她们这些好战的特质,像父亲所应做的那样惩恶扬善。如果神力女超人地上的姐妹们对于男性害怕她们而感到不解,这完全是因为不明白她们从此以后代表着那个令人害怕的父亲了。

结果,出现了一种新型的反女性的暴力。她们以前是乖女儿,是父亲多少有些心甘情愿的奴隶。但是,现在,如果爱情为王,她们就取代了父亲承受着一种暴力:她们代表着他的要求。她们被力图复活的父亲的精神附体了。

世界过去一直是充满了幽灵的:那是死者的魂魄在困扰万物,寻求修复。灵魂可以成为交易的对象。魔鬼和他的好基友上帝一直都乐此不疲地玩着买卖灵魂的游戏。期间,一些灵魂在大地上流浪。一切改造这种野蛮的自然状态的东西把这些饥渴的灵魂扣留下来,挫钝他们的牙齿。灵魂让人恐惧,所以圣灵的驱魔咒把它们都驱赶到了化外之地。

但是,技术科学、技术要比圣灵更适合于打发灵魂!而且,还更便宜!的确,美学会受到不好的影响,战栗缺失,但是价格会让人考虑的。以人手,以汗,以血,所有生产的东西都力图跟灵魂、跟自然界万物有灵论一刀两断,以驯服它的野性。冰箱、汽车、电脑,所有这些没有灵魂。手工的、工艺的、工厂的都摆脱了它,除非很偶然的情况下:加工的材料返回到初始状态。一个旧煤气表,一家废弃的工厂,一座生锈的桥,找回它们的灵魂,这会发生的,但也只是因为它们是被抛弃的,因为父亲的精神像它们一样无人继承,和它们同病相怜。后现代烧死了灵魂,摧毁了它,在其势力所及的任何地方。

当宗教的火苗闪烁时,世界要美丽得多!现在是没有灵魂的世界了。没有了灵魂(*Spiritus sanctus*),父亲的精神不再激励世界:灵魂,这正是被父亲的气息所激励之物。没有了他的精神,事物被封闭在自身敌意的存在之中。以父亲和圣灵的名义,儿子有一个灵魂,他通过它看到如此美丽的万物的灵魂。对女儿来说,这不是确定的。无论如何,教会的神父们辩论过这个问题并言之凿凿地确定说女人没有灵魂。对上帝而言,女性不存在,除非是处女,除非被剥夺了任何快感。在存在和虚无的掰手腕比赛中,最高存在把女性的虚无排除在竞赛之外,成为他不为人知的一面。形式、纯思、精神、灵魂:这些正是一种无性的、被否认的女性的表现形式。

骑士爱情的诗人歌颂心上人的灵魂。即使他赞美她美丽的胴体,也仍然是在灵魂的照耀之下,这种纯洁性保证了他被激发的色欲不会逾越应有的界限,这要比用他对主人(即他的竞争者)的恐惧来约束他不可越界要让人放心得多。用灵魂的名义禁止身体比用丈夫的名义更让人心旌摇荡。爱情和灵魂对着一个被剥离了性的身体一唱一和,而这个身体则为自己身上的非肉体的东西激动不已。对身体之所非的灵魂之爱并非反对身体之所是的色情化侵略。男性只有在封建社会才能把受到阻碍的对父亲的爱安放在一个如此恰当的位置,从被这一秩序排斥的女性那里,只留下了对她的灵魂的爱。一种灵魂之爱,不朽的、女性的,重新把他的身体整合进后现代社会。这个时代或许没有灵魂,但是其中的女性重获身体,并且我们也因此重获了我们的。

兄弟二元对立

尼科洛·洛劳①在其著作《分裂的城邦》(*La Cité divisée*)中论述了雅典的民主制是如何从对内战(*stasis*)的恐惧中建构起来的。一个名副其实的城邦在骨肉相残的迫近中成长和巩固。在此意义上,亚里士多德让如此理性的梭伦说出了下面这个好斗的警句:"当城邦爆发内战时,谁若不拿起武器站在两方的任何一方那边,谁就应被剥夺所有的权利,就不再拥有公民权。"内战是公民的一项义务。"公民",应该是一个强力的暴徒,性情温顺之人完全可视为政治上已死。"民主制"(*demokratia*)远非一团和气,它意味着一派对僭主方的胜利,

---

① 尼科洛·洛劳(Nicole Loraux, 1943—2003),女,法国著名古希腊文化学家、历史学家、人类学家和翻译家。——译注

所以僭主的报复才是可怕的。然而,造成社会分裂的原因却掩盖了另一种排斥,而且这种排斥要更为深刻。是男性荷尔蒙(*andros*)缔造了城邦。远离女人的男人们重聚在一起,集合在一种共同的理想旗帜之下,即处女雅典娜的理想。树起她的塑像后,隐身的天父宙斯就不碰她了,她保持着不育的形象,而雅典人则是这些神祇的孩子。作为兄弟,他们在对女性性征的压抑中争吵不休,雅典娜加强了这一排斥。正如她的处女身份所暗示的那样,男性群体丝毫也不想了解的正是她的快感。民主或许建立在对日益迫近的内战的遗忘之中——"政治(*Politikos*)是对欣然接受遗忘的命名"——但是,比平静的遗忘更强的是,民主压抑了女性快感所表征的东西。无论他们的窝里斗多么厉害,在排斥女性上,他们是团结一致的。他们只认可女性中的处女形象:他们本希望拥有的母亲,就是说,一个像雅典娜、玛丽亚或玛丽亚娜①的女人。古希腊宗教明显的图腾崇拜在这个神祇的脚下停了下来,把到手的位置让给了基督教。

---

① 玛丽亚娜在 1792 年的法国南方是最普通的女名。在奥克语地区的传统中,这个名字指人人都想要却无人得逞的女人。"玛丽亚娜"第一次把名字借给共和国是在一首奥克语歌曲里:《玛丽亚娜的康复》。这首爱国歌曲歌颂了"8 月 10 日的血战"和凯勒曼(Kellermann)、安塞姆(Anselme)和孟德斯古(Montesquiou)在东北前线的胜利。随后诞生的大量歌曲和诗歌证实了这个女战士的处女身份。

这种弟兄们合谋的压抑使城邦变得主观化:城邦变成了一个以他们名义说话的人,与他们的无意识内容成正比例。城邦成了一个专有名词:存在着一个"政治"人,他站在全体邦民的立场上讲话,而后者因为有了他得以压抑他们的阉割焦虑。[①] 为所有人代言的雅典娜维持着每个人压抑的持续的力量:她是代替所有人的"那个人",他们幸亏有了她,才能够遗忘他们与性的关系。

罗马的民主没有这些拐弯抹角。罗马直奔主题:内战不是兄弟相残,而是弑父。拿起武器对付兄弟的人通过兄弟打击了更高的准则。诚然,罗马的建立源于罗慕洛对勒莫[②]的谋杀。但是,罗马法的条文提到内战时始终是用弑父来代替的。弑父罪(parricidium)不同于蓄意杀人:它损害的是父系亲属(parens patriae)。这一拉丁语的偷换概念揭露了内战的燃爆点:它会在两兄弟中的一个试图攫取父亲的角色时爆发。因为,一个自称受命于天的父亲,如果他的名字不叫暴君,那还能叫什么呢? 在平等者的游戏中,他玩着

---

① 弗洛伊德毫不犹豫地赋予城邦一种主观性。比如,在《摩西这个人》中,我们可以读到如下语句:"无意识的内容实际上任何情况下都是集体的,是人类的普遍特性。"或者在《当前关于战争与死亡的思考》中:"欧洲人民个人……"

② 罗慕洛和勒莫为兄弟俩,传说由母狼养大,共同建立罗马城,后勒莫为罗慕洛所杀,后者成为唯一城主。——译注

父亲牌,如此一来便清楚地表明,平等和博爱的梦想预设了一个理想之父的存在,正是以他的名义,权力的运作才得以合法化。

在我们承自罗马法的民法里,弑父母罪曾是最严重的罪行。几年前,它被"反人类罪"取代了。你们将会在这样的替换中看到后现代性——至少在立法中——最明显的症候之一:在灭绝营被作为博爱终结的象征的同时,父权体制失去了它的统治地位。一系列的连锁反应从父亲到兄弟,再从兄弟到一个新的法人。

兄弟相争的对立剧在所有人类社会中一再搬演,直接造成了对女性特质的系统化压抑,所以弗洛伊德的解读是站得住脚的:主体的分裂源自主体对母亲所没有的阳具的初次认同。存在与虚无一言以蔽之的对立从摇篮时期就撕裂着主体。相比这种内在的主观分裂,人一直是更愿意接受他投射在外部之上的这种二元对立。作为人类学的通用场域,这一根本性的二元对立分裂了所有的人类社会形态,它们解除这种紧张的方式就是对于虚无部分的对应物的拒绝。攻击性是这种死亡冲动的日常转换规则。

主人与奴隶的优雅对决,从中衍生出那么多的二元性斗争,在斯巴达克斯之前和以后,我们都会喜欢的。它们在武器的喧嚣之下遮掩了性别的差异,在阶级斗争[①]旧事重提之前,这个差异运转得很好。男女之间,死亡冲动固然可以找到色情作为出口,但是,当它作用于兄弟之间,它就会追求实实在在的或者象征性的杀戮:另一个阶级、另一个国家、另一个种族的男人就被开除了人籍。

此二元对立使得阳具的双重价值具体化了,正是从这点上,它对应着两性的差异。在从男性到女性的关系中,"存在"和"虚无"的分配是不利于第二性的。但是这种对女性的拒绝本身马上被掩盖起来。因为,男人们马上就兄弟反目了,每个人把自身的女性特质投射到另一方身上。任何社会都会有根据经济、地理、家族等因素划分的各种集团之间的对垒,就是因为这种对立。弟兄们打归打,彩头是相同的,而且他们始终被陷他们于不和的东西团结在一起。弟兄们斗来斗去都是为了得到父亲的垂爱,或者打着那些代表了这种垂爱的理想的旗号,从而确立了父权制的优先地位。

然而,通过宣告家长制的宗教支持无效,科学剥夺了家长制的合法性。儿子对父亲的爱过去是靠对永恒之父(如愿而死)的崇拜得以维持的。具体的父亲们以死去的父亲的名义

① 在《德意志意识形态》的序言中,马克思就把它一直追溯到男人和女人的对立。

为自己的权力取得了正当性。崩溃首先作用于父亲的双重性:科学非但不追求永恒之父,反而让人看到根本就没有什么死去的父亲可以证明具体的父亲们的权力的正当性。结果就是兄弟间的争斗自然失去了意义:如若不再有什么死去的父亲值得人们为他战斗,那么传统的政治联系也就失去了它的地盘,在它没转成滑稽的时候。现在使得决定合法化的"科学"专家需要理智的共识而不是某个政党的共识。它要求全体弟兄的一致同意,如此一来,它就使得这一二元对立崩塌了。

这难道意味着传统政治的终结吗? 问题摆在这里,因为就算各种现实条件齐备,旧式的政治参与仍需付出努力。在必须奋起反对不可原谅的事件时,抗议的是一群单个的主体,通常是出于对受害者的认同,而不是一群有共同信仰的同道者。政治预先就令人心生厌倦,与此同时,行动的理由却日益充分。阶级斗争的成分没有改变,社会隔离也日益恶化。然而,斗争却需要超人的努力,好像人性的东西早已迁移到别处似的。必须记住的或许正是这点:如果人性的东西过去是指相互残杀的兄弟被对女性特质的拒绝联结在一起,那么,实际上,人性的东西已经转移到别处。这一人性的东西通过出让发言权压抑了其人性最内在的部分。"政治的"主体曾经以理想的名义发言,以一群主体的名义发言。这种出让改变了意义的那天,这个政治场域也漂移了。

这一信用的丧失仅仅与"政治的"主体——那个以雅典城名义发言的人——有关,即那个代表着一群失去个性的兄弟们说"我"的人。传统的政治言论是泛指人称的:是那个被雅典娜选中的人代表着张三李四们在说"我"。她的处女身份搞定了所有人,不过,结果就是,他们所有人都处于被去势的状态,没有自己的声音。然后,某一天,雅典娜厌倦了装清纯,于是,他们这些男人突然发现她跟其他女孩没有什么两样,而且更靓丽。但是,这一看法的转变也让她失去了权威感。过去的政治所赖以依靠的骨肉情深邃慢慢解体,然后最初的反应就是抗拒它的反应,即使他们并不需要它。

有人可能认为,这种对政治的疏离与商人的胜利以及他们所传播的腐败成正相关。金钱,传媒,品牌,广告效应,大众消费,资金流,真实权力场所的加速匿名化,总是更多地宣告政治空间的无效,使之降格为伪民主。总是更加笑容可掬的当选者宣称他们什么也控制不了,但是他们会和我们站在一起反对我们。不过,这并不仅仅是一些不停被重复的谎言,舆论操纵,打着人道主义旗号的战争罪行,以社会主义之名行世的极端自由主义,一起把传统的政治变成了惹人厌的重负。这是因为必须抵抗这种骨肉相残的博爱,它实际上并没有多少骨肉情谊。这种抵抗没有摧毁政治,而是相反,让位给了一个"政治主体"。附属性完蛋了,那些亲如一家的废话也说得够多了。打着雅典娜或者玛丽亚娜的旗号标榜博爱的民主依然自认为治国即理家,殊不知这个家之外,已经存在着一个人们不再亲如兄弟的群体。

共同生活(*Instituere vitam*)过去如同家庭共度的一次周末午后。我们通常的圣女:雅典娜,玛丽亚,玛丽亚娜,在骑士之爱的暧昧状态中百无聊赖。我们也一样,于是为了让她们开心,人们走向战场。伤亡惨重。人们更喜欢青楼女子;比起爱钱的,更偏爱让兄弟反目的,比起让兄弟同心的,更偏爱挑拨离间的。

青楼女子的意思是:那个把父亲和男人分清楚的女人,她快刀斩乱麻,理清了他们的纠葛。一朝父亲的假面被摘下,就是个和她一样赤裸的男人,这太刺激了。如果她乐于把自己装扮成处女,那也仅仅是为了制造气氛,用雅典娜牌鱼钩引兄弟上钩。他太崇拜洁白无瑕啦!这令他着迷:他想到了自己的母亲。兄弟们都有处女情结,这简直就是他们的密码,然而,一旦被抓住,他们就会分道扬镳,脱离了父亲的身体的控制,他们以前在里面可是倍感局促。现在一下子轻巧了:他们失掉了灌了铅一样的腿脚。

当兄弟们之间的紧张关系有所缓和,为它所压抑的东西就会浮现出来,这种东西就是女性特质,往大了说,就是性欲。

政治姿态撤出,让位于色情。今天,性欲沾染了日常生活图景,就像墨水落在吸墨纸上一样。请看! 这就有张照片:一个搔首弄姿的姑娘在推销着某种奶酪。一个僧人的照片放在几年前本会引起轩然大波。女性的地位日新月异:这在城市的墙上可到处都贴着呢。我们马上见识到它的大驾光临,被到处展示,介绍为梦的反面,被偶像化。外墙上的巨幅美女,海报上随处可见的女性特写,用距离感十足的微笑招徕生意。意淫的快感的折磨,无处不在却不会到达。欲望被牵连进商品的流通之中。随处可见商品广告,刺激诱人却又拒绝一切。海报的效应建立在商品拜物教的施虐狂前提之上。在商人手中,梦想带来回报,遭到歪曲——他们甚至成功地让玛丽亚娜为"明星体制"(*star system*)站台——然而,它仍然霸占着屏幕。首先是冒险家、交际花、妓女,女性现在是通过偶像、小萝莉角色、真人性爱娃娃等开辟自己的道路。她产生于意淫。

过去,除了不能合法参加政治生活以外,享有些许自由的女人就被认为是冒险家,交际花甚或是妓女(小说中,自由和女性色情经常与卖淫密不可分)。对 19 世纪的资产阶级而言,性快感是在妓院获得的。在这种条件下,男女间的爱情或许存在,但都是以"例外"存在:"例外"不意味着"罕有",更多是意味着"边缘",不被社会认可。

现在,形形色色的性解放粉墨登场。这些是后现代主义冉冉上升的星辰。聚光灯下最先现身的是:妇女解放斗争。喝彩留给她们,感激留给我们! 在舞台的最深处,我们猜度着喧哗与骚动:刚一走出后台,种种性反常即从阴影中浮现出来,不一而足。性虐,皮鞭,性伴交换……简直就是想干啥干啥![①] 不过,值得安慰的是,终于发生了"同性恋光荣"大游行(*Gay Pride*)。这真是疯狂! 对同性恋的压迫持续太长时间了。自一神教伊始就沉甸甸地压在同性恋身上的耻辱终于淡化了。从法国大革命开始,鸡奸者就已经不再会被烧死了,但这一禁忌只是到了近期才缓和下来。建立在对父亲同性恋的压抑基础上的家长制眼见自己的霸权坍塌了:结果,同性恋重获它在多神教体系中曾占据过的位置,因为在这个系统中,没有任何弑父者需要同样的压抑。爱父亲或者为他充当女孩或女性化的儿子变成了合法的,我们想要做的全部都合法。

让我们特别指出这个相对的解放运动最有意思的一幕:就是同性恋本身变成了父亲姓氏后现代表现的一种形态。没错,记着点! 父亲激起孩子的性欲,但是他并不回应它。于是,他就会被怀疑是性无能或者同性恋,众多分析师对他们人生的始作俑者都怀有这种幻觉。性无能者是后现代社会的

---

① 就在不久前,对性"反常"的压制还是名正言顺的。1960 年时候,萨德的著作还是禁书,而《O 的故事》也只能在地下流传,连作者署名都没有。

"好父亲"之一,不仅如此,同性恋几乎可以和它媲美。如果我们从整个社会的层次考量这一幻觉,同性恋者甚至从某种理想化中受益,被塑造成创造能力和享受能力都一流的个体。在美国,无论是自我评价,还是在他人看来,同性恋者都是革命的急先锋。

不自觉地,"科学"解开了几个世纪以来一直系得紧紧的胸衣的搭襻。它一步步粉碎了家长制、兄弟相争的二元论。结果就是欲望主体变得一丝不挂,失去了手足相残的武器。今天,作为科学意识形态导致的间接却又严重的后果,性欲有了公民权。另外,这个后果还导致了另一个后果,那就是精神分析在同一时期也取得了迅猛发展,打着要解决男女间问题的旗号。过去没有任何人会(正儿八经地)操心这个。

四海之内不再是兄弟

人类第一个杀人犯杀死的正是自家兄弟。该隐怨上帝独宠亚伯而动杀机。但是,父亲已经死去,已经在无意识的天国里永恒,他的位置由兄弟取而代之。不过,由于这样的张冠李戴并不能缓解由对父亲的爱引发的焦虑,手足相残还是蔓延开来。的确,杯水车薪,怎么可能熄灭这场大火?毕竟它的根源是乱伦和弑父这两种根本禁忌的反转和移情呀!所以,从此以后,这场大火就一而再再而三地发生并且还全球化了。

在绵延不绝的战争和杀戮之中,纳粹的灭绝营被看作是个特例,尽管我们并不总是明白为什么。这种特殊性如何才能自圆其说?狄奥尼斯·马斯克罗①在其著作《关于记忆的

---

① 狄奥尼斯·马斯克罗(Dionys Mascolo),法国作家,安特尔姆的朋友和革命伙伴,杜拉斯的情人,二人育有一子。——译注

努力》(*Autour d'un effort de mémoire*)中,对罗伯特·安特尔姆①在《人类》(*L'Espèce humaine*)一书中的一段话提出了质疑。后者写到,党卫队员都是和我们一样的人。他这是把往前几行的一句话颠倒了一下次序,那句话说:我们都是和他们一样的人。对这几页文字,他是这样评论的:"【……】反人类的谋杀是一桩人类的行动。党卫队员和我们并无不同。个人的无辜,虽然跟我们所想的一样深刻,但比起被迫与族类保持的团结一致,是无足轻重的,正是这样被迫的团结一致才是恶、死亡与火的载体……说起人身上具有的非人性,我们的党卫队兄弟或许还不如圣方济各②所做的那样疯狂,后者称我们的兄弟为该受火刑者,可以被点燃照亮黑夜。"

这几行读后,作者首先转向自己,没有找到答案。确实,无论罪行本身如何恐怖,都是人犯下的。不过,我们真的是党卫队员的兄弟吗? 或者更应该这样想,人类历史上第一次,党卫队员形象的死亡天使取消了博爱的二元性,正是它一直承认另一个人的存在,哪怕他可能会是敌人呢? 不管战争多么

---

① 罗伯特·安特尔姆(Robert Antelme, 1917—1990),法国诗人、作家。1939年与玛格丽特·杜拉斯结婚。二战期间,参加法国抵抗运动,后被捕,辗转多个纳粹集中营。《人类》讲述了诗人在集中营的经历,出版于1947年。——译注

② 圣方济各(Francois d'Assise, 1182—1226),意大利人,又称亚西西的圣方济各或圣法兰西斯,天主教方济各会和方济女修会的创始人。——译注

143

惨烈,对手有权死有葬身之地,而且常常得以保存颜面。中世纪时迫害犹太人的基督徒自以为是某个更伟大的以色列的捍卫者:对他而言,其实是犹太教的内部清算,他和犹太人之间的亲缘关系仰赖某种强烈的两重性依然存在。[1] 相反,在死亡天使党卫队那里,博爱走到了尽头。烧毁了房子的纯洁天使不再承认这一二元性,博爱止步于人性尚未完全泯灭之前。是的,如此行事的那些人的确是人,但我们不是他们的兄弟。

沉默一开始压倒了一切。几十年的光阴匆匆流走之后,人们才开始思考灭绝营中曾发生过的事。这样的姗姗来迟究竟应该怪谁呢? 最初人们愿意相信这与神经官能症的情况类似:受到创伤之后,要先过一段时间,事实才会被处在后遗症期间的意识调取。但是,另外一些创伤性事件(比如殖民战争)就没有经历过同样的命运。所谓有追诉期的犯罪也解释不了什么:广岛,另一场反人类的罪行,就没有经历相同的命运。直到 1980 年后,当那些伟大的解放理想已走入死胡同的现实越来越清晰时,灭绝营才变成了某种标志性形象。它较少地涉及记忆的工作,被压抑的意识或者亲犹太主义的回归,

---

[1] 1150 年,就在第二次十字军东征的号召令在莱茵兰地区(Rhenanie)引起针对犹太人的暴力之时,圣贝尔纳宣称:"谁为了害命而接触犹太人,谁就是错的,此行为宛如伤害耶稣基督本人之眼,因为这些犹太人是他的骨肉同胞。"

毋宁是后现代主义的一个主要的自我认同标志。

现在一切都变了,第二次世界大战的罪行出现在回忆录中,尽管为纪念这一事件最常用的词语可能是痛苦的。确实,怎么可能去谈论"燔祭"①(holocauste)呢? 这个词本来是指一种祭祀上帝的牺牲仪式啊! 这已经变成一个习惯性用法,其中必有缘由:我们都会同意说,发生过的的的确确是一种牺牲,如果我们把屠杀犹太人看作是博爱的牺牲的话。

博爱理想已经分崩离析了,如果我们还记得犹太教恰恰是博爱理想的唯一代表的话:未来某一天,作为他们中的一员,救世主将要宣告父亲的宽恕,从而全世界的博爱将在人间实现。尽管救世主的降临被严格限定在希伯来人内部,但由此而生的博爱确是普惠全人类的。种族灭绝摧毁了博爱的梦想,它随着灭绝营一起终结了:从这个意义上说,它象征着历史的裂缝,而且回过头看,是这件事确定了"后现代主义"的中心位置。并不是创伤后遗症的作用构成了记忆迟到的理由:灭绝营已经开始代表着博爱的零度,就从后现代主义变成主流那天开始。在 80 年代,这变得越来越广泛,因为在普通生活中,也已结束了:你不再是我的兄弟。内部的某种东西折断

---

① 原意指犹太教徒祭祀时烧掉全部祭品,后来用这个词特指 1939—1945 年间纳粹屠杀犹太人。——译注

了。你和我一样，身上都背负着这一"燔祭"的重量。

仅仅通过媒体、电影、歌曲甚或是记忆责任，集中营的现实并没有抵达共同的意识。而且这些手段更为简单化，是以日常生活的精神组织者的名义：某个年轻女子储备了一些化妆品，以备第二天就被抓去集中营；某个小伙子只有把自己的生活与幸存者的生活比较之后才能承受自己目前的存在。同样地，自己的父母说不定实际上有犹太血统的幻觉也卷土重来。更让人震惊的是，这些思维方式所涉及的人通常都和这些悲剧连拐弯抹角的关系都没有，而且他们所了解的关于这些事情的消息也没有多少精确性。生于集中营是后现代主义想象多面体中的一面。

1995 年，本杰明·威尔科米尔斯基（Benjamin Wilkomirski）的《碎片》（*Fragments*）面世了。这本书记录了一个孩子辗转麦达内克和奥斯维辛集中营的经历。本书被译成 12 种语言，受到评论界一致赞誉，认为堪比普里莫·莱维[①]的相关著述。几年之后，一个记者和一个作家先后调查发现，本杰明·威尔科米尔斯基本名布鲁诺·格罗斯让。他不是犹太

---

① 普里莫·莱维（Primo Levi, 1919—1987），犹太裔意大利化学家、作家。纳粹大屠杀幸存者，1987 年自杀。代表作有《如果这是一个人》(《奥斯维辛回忆录》)、《被淹没和被拯救的》等。其作品内容均与集中营经历有关。——译注

人,而且仅仅以参观者的身份到过奥斯维辛,但是他却一直没有摆脱集中营铁丝网带给他的阴影。他的读者也是和他一样的参观者吗?我们自己呢?我们在读他的时候又是谁?

对日常生活的这种幻觉般的安排是怎样确立的呢?毕竟我们不是生活在与集中营相当的环境中,哪怕是在象征的意义上。只因为这是真实的:我们感觉被裹挟到一台机器中,它被一种与科学的逻辑一样无情的逻辑操控着,而科学则把每个人都困在了决定论的铁丝网中;这样的感觉之外,再加上博爱的终结。这种孤独如同集中营一样困住了每个人。

当自我的理想的心结解开之时,这个如同生活在集中营的后现代主体现形了。他变得可见,我们可以看见他正在与理想的自我战斗,因为他除了与天使斗争别无选择。赤条条的主体,失去了梦想的护佑,正在尽其所能地抵抗着那正把他物化的东西。他孤军奋战以免被困在自己的身体之中:他的身体正如一个集中营,被困在分子、基因的铁线背后。在集中营中,人被简化为一具具躯体,躯体第一次可以被简化成商品、肥皂、肥料、灯罩。

这个主体不情愿地走出了家庭、祖国、阶级,从未摒弃过这些,却就地流亡了,既不知所以然,也不知何以能。这是一个没有任何丝毫所谓英雄主义色彩的普通人:他若是听到有人这样谈论他的新颖,很可能会放声大笑。他笃信某些东西,但又不知道究竟是什么:他的迷信是隐而不露的,这都是假作真时真亦假的缘故(比如,虚拟的集中营类似于身体的真实)。

狄奥尼斯·马斯克罗认为灭绝营把人类的整个历史归零了,而被关押者就是这个信息的发布者。马斯克罗是在 R. 安特尔姆发表于《基督教青年报》①(*Jeunesse de l'église*)上的一篇文章中找到这些内容的。在富人与穷人针锋相对的斗争中,富人和穷人在一种共同的真实中密切相连(根据惯常的博爱悖论可知)。穷人对自身境况的自觉使他变成了无产者。反过来,被关押在集中营的人与他的刽子手则没有这种休戚与共的关系。这种不对称性打断了博爱的二元性。不是被关押者终结了它(他没有选择权),而是他的刽子手。在后现代社会中,如同关押在集中营的人,被驱逐者一个接一个流放。自然地,那些被剥夺了工作权利、不得拥有任何合法身份或者各类平等权利的人们也可以团结起来抗争,只是他们形不成一个阶级。

还有另一种形式的驱逐:那些被剥夺了博爱权的人所受到的驱逐,因为他们不再拥有共同的未来理想,他们还能共同战斗吗? 第一种驱逐尚可获得某种类似博爱的同情,不过,这更像是某种对受害者的代入。至于第二种驱逐,因为承受人

---

① 第9期:文章题为《穷人,无产者,集中营犯人》。

不能理解它,它反而更加会扼杀任何行动的可能性。正是在那里,博爱又一次撞上了墙。

　　《世界人权宣言》第一条规定了博爱的普世性。这种对现实的理想化无损于这个词所负担的希望。因为它只是那些自相矛盾的目标中的一个:人人皆兄弟,就意味着没人当爹,这样一来,也就无所谓兄弟了。必须至少有一个父亲才有所谓儿子和兄弟嘛。兄弟的普世化取消了他们的博爱属性,反而把他们赶出了家门。于是,出于疏忽大意和不当心,诞生了一个裸奔的、族外婚的、无神论的主体,连世界末日和最后审判都给自己省了。那些没有兄弟的人们并没有更不"社会"。这意味着另一个人对这一个人毫不含糊的认可,前者既不是后者的家里人,也和他没有共同之处。他们的共通之处就是都与对方不同:这就是他们的共同人性。

现在,什么将是法律的源泉?

　　社会没有变成精神病院,也没有什么东西逼它重回家长制的樊笼。不过,一个问题一直存在:今后,我们要如何偿付欠它的欠债——不做一个非人格母亲希望成为的天使?如何下定决心不做无辜者,摆脱本来能够宽恕我们的父亲?

　　正如家长制为自己的利益把性欲纳入规定的轨道,法律看起来也是出于外部的强制,被各种理想合法化了。岁月流逝,这个根基日益脆弱。今天的"法律"要去哪里寻找源头呢?说的不是由社会强行制定的法律,而是那种内在律法,使得每个主体明辨是非善恶并且据此行为处事。摆脱了理想羁绊的主体不再只把斯宾诺莎的自然准则——即与那些是"善"的东西相比,对于那些是"好"的东西的偏爱——当作法律了吗?

若出现这种情况,将会是由警察而不是由伦理来规范不当行为!(可是由谁来管警察呢?)

作为茫茫宇宙独一无二的存在,人类操心着善恶的问题。无意识的犯罪感指引着人类伦理学的内在和与同类的关系。这个同类有名有姓,他告诉我我存在,而我跟他有关的所作所为都是由自恋驱动的。结果呢,如果我们去除了"爱"这个词所有的浪漫主义因素,它其实就体现在双方与法律的不同介入关系之中。在理想破灭的时刻,唯爱独尊。①

我们是否可以正式地说,从今以后就是唯爱独尊了呢?其实已经如此了,跟男女关系有关的一切!与性相关的一切,今天都可以做了:什么稀奇古怪的行为人都可以尝试。只要他喜欢就没有什么可以约束他。大多数的性行为都已被广泛接受。"你只需要提出要求,想要什么就有什么!你要做的只是连上正确的网络:分分钟就会有人来满足你的要求。你想要什么?一个亚洲妞,一个全副武装的警察,两个都要?直播还是录播,免费还是付费?"至于那些因为会给他人带来伤害所以不合法的变态行为,比如性犯罪,或者

① 作为这一假设的证明,我们可以参阅《文明及其不满》的第八章。弗洛伊德认为存在两个超我,一个源自自恋(你会爱你的邻人如己),另一个继承自俄狄浦斯式的父亲。在此,我们认为,一旦父亲隐退,爱(自恋)就会独占鳌头。

赤裸裸的犯罪,在电影和畅销书中都被塑造得好像英雄行为。最热门的传播主题永远是各种各样的变态行为,就好像只有变态才能在一个取消了各种禁令(一直是那么刺激!)的世界里享受生活似的。

通常,爱情扮演着防火墙的角色,在它面前变态行为碰一鼻子灰:一旦它把两个恋人结合在一起,它也限制了他们本来可以尝试的性行为的丰富多彩。但是,这个看法可能不太讨喜:它给人一种印象,爱情是彼此的束缚。更恰当的看法是:它强加的限制让爱的享受更甜蜜!快感在爱情的内部边界上展开比借助家长制的禁令要好。当爱情充当了欲望的屏障又激起了欲望,快感本身自有分寸。这就是法律,没有什么把它强加给人!色情,匿名网站,性乱网页不太能引起恋爱中的人的兴趣。这并不是因为他禁止自己这么做,或者是因为他的心上人不给他机会去做。不如说只有爱情才能令他兴奋,他再也不会动其他的念头。就像法律一样,爱情附加的限制让人享受。还不止如此呢!限制把性欲与爱情的冲突彻底转化成甜蜜的折磨。要知道性欲与爱情在过去可是因为欠父亲的债而彼此是分裂的。

这种冲突从来没有像在情色与色情的区分中表现得那么明显。因为,家长制犹在做困兽之斗。它只是从此换了玩法。人们本以为会遭遇原教旨主义的大王牌,却惊奇地撞上了色情的清创术,它继续迎合着老版父亲的胃口①:过度消费的各式各样的性玩具,一夜情的欢愉,假装的性高潮和性幻想最终不都是在为一种对情色的压抑服务吗?我们处在一种古怪的境地:性泛滥把性爱阻挡在了色情与情色分庭抗礼的边界上。结果呢,极端的性自由,性的强烈要求自身把性爱瘫痪了。一开始性致勃勃,但是快感却掉到了洞里,不断循环:在结束之处重新开始。

但是,一种与欲望和解的爱的光芒与无名性欲的变态并无冲突。色情与性爱彼此分离了:前者源于客观化,而主观的后者则是这个结果最终端的体现。这是因为"好"摆脱"坏"可没有这么简单!你以为看到了清楚的分界线,却并非如此!正是通过一种巧妙的堪堪觉察得到的翻转,你由此及彼,从色情过渡到情色。这是人的同样精密的客观化,它在摧毁家长制的同时也催生了这些彼此对立的后果。为什么一定要攻击无伤大雅的让人羞羞的东西:这些变态之物,性商店啦,色情片啦,等等,这些令人瞠目结舌的东西并不比家长制给人带来

---

① "变态"一词的使用造成了越来越多的问题。因为变态与精神病和神经官能症一起,本是三种可能的临床结构,但同时"变态"这个词在日常语言中确确实实是贬义的(尽管大多数变态是无害的)。或许必须使用另一个词,或者把这个词稍微变化一下(比如"非常态"),专门用于指一种临床上的特殊情况。

的冲击大。整出戏，都一样可笑。人们获得性服务的方式各种各样，打电话或者上网等手段均可。这很虚无，不过很搞笑。再说，人们也干不了什么，只是过过眼瘾。所以，这就是性吗？很不幸，是的，没有更简单的了：请看，是这么回事！只需要通过性玩具或者接入机器网络就搞定：异国不是性旅游的唯一目的地。还是吃窝边草更方便！

　　这一幕幕更多是爱所依凭的东西，更少是它所摈弃的东西：色情机械化的极端推着道德规范向前走，它过去据说受命于天，非常无聊。现在，这令人窒息的律法完蛋了：爱情取代了它，并且站在这个获得的地基之上，爱情把这个地基反转成了情色。厄洛斯擅长讨好塔纳托斯，因为没有它，厄洛斯一无是处。它耍了个手腕，尽情享受身体的工具化，享受它完美的非人性，这种非人性只有在它被主观化的一刻才不再是变态的。"我很乐意当你的物件，也喜欢你当我的物件。我们会迷失在这汪洋大海之中。看看你的皮肤，你的手，你的胯部，这些还只是你的部分，都对我匿名。我迷失在它们的无限之中。除了衣服，还需要脱掉别的东西，可那是什么？切下一块肉，榨干身体？然后出其不意地，我看到了你的眼睛，听到了你的声音，这就是你，这就是我，比我们伟大，比这海洋宽广。我们的死亡本应在那里回响，色情，哦，不要！我们本可以颤抖着退回父亲的屋宇，像从前所做的那样。可是这无处不在的色情只在缺乏特有称呼时才顶着这个姓氏。所以这让我们觉得好笑!"

伴着这种性迷狂发生的事情使得理解"法律"的这一隐晦性成为可能,事关爱与性的分离。也许差不多该把"性爱"①这两个字写成一个字表达,因为这两个字习惯上已经分道扬镳了:正是这种新的表达在发号施令。它所包含的内部界限和支配无意识的规律一致无二。话说,什么是法律,又或者说,"父亲姓氏"的功能究竟为何? 法律象征着阴茎的含义,而性爱则和俄狄浦斯情结同样出色地实现了这一象征化。童年期间,是父亲立法,他充当此角色是两眼一抹黑的,只是因为他与自己的妻子彼此渴望。所以,并没有怎么上心,他就使孩子的身体从其对母亲阴茎的认同中解脱出来:他象征着它。通过实行族外婚,爱二手地重复着同样的操作:爱的事实使爱人摆脱了自恋情结:泄气的正是其身体对阴茎的认同! 随后他仰赖情色(勃起的阴茎补偿了崇拜阴茎的自恋主义)收复失地。"爱情立法"意味着阴茎在性爱中自己象征自己,无需先决的父亲的祝福。在这一象征活动中,不仅仅恋人们摆脱了父亲,他们还发明了他呢! 事实上,父亲是爱人们的一项发明

① 在西班牙语中,一个男子对一个女人说"我爱你"(Te amo),这种说法含有明显的性意味,而且只用于这种语境。

(为了更好利用他,他们给自己讲了一个故事:有人说这是禁止的,但还是会照做)。

可是为什么说这个禁忌是"父亲的"呢? 因为爱一开始没有丝毫的性意味,只是镜像阶段的单纯应用:"如果你向我张开双臂,我就知道我有一个身体,谢谢!"开始时,爱与其说是两性间的,不如说是两类间的。事情变得复杂是从爱转向异性性欲开始的,因为性别的差异激活了阉割焦虑:它唤醒了父亲的一种幻觉,即父亲是他偏爱的中间人。某种父亲的形象因此成为性爱的中介。在爱的力量下,父亲产生了,爱与自恋决裂的秘密。恋人应该翻越一堵墙来与他的爱人相聚,他在此障碍中与父亲的一种功能相遇。

在家长制时期(昨天),一个纸板模型父亲禁止快感,而这个命令激发了欲望,只不过欲望是非个人性的,与爱分离的:倒错的。今天,情况翻转过来:个人化的爱自带令其色情化的禁忌,它像父亲一样高大! 家长制从来只是阴茎象征化的一种特殊的历史形式(尽管列维-斯特劳斯可能不乐意听)。我们不能把它和"父亲的姓氏"以及它的功能混为一谈。

为了理解法律是什么,恋人开辟了这条道路。他一开始是一个为了走出自己而与自己作战的天使。爱情冒险开始,他沦陷并消失在爱人的眼睛里,他就此失去了自己的身体。与他在天上的兄弟们类似,他也能因此要求无罪:爱毫无征兆地攫住了他。他也许一直在寻找它，但是他并不知晓会有这样的命运，在爱人面前毫无还手之力的命运，成为她的猎物、她的影子。正是从这张捉住了他的罗网深处轮到他必须占有她，把她变成自己的猎物、自己的影子，因为他也想无视天使主义而存在。他的欲望被否定爱的那一刻激发。爱被否定爱的东西带向比天使主义更远之处。法律因为是法律所以会被违背，这正是它的命运。

爱从第一天起就异化了爱人。他感觉到了这样的暴力，它剥夺了他，又使他不由自主地兴奋：爱的行为导向暴力。某种比他更强大的东西来自于他又威胁着他之所爱：他的爱人，孩子，宠物甚或是艺术品都身处险境，他对他们怀有的爱越深，他们就越危险。毁灭的危险从爱情至深之处威胁着他们。爱的行为做了有罪辩护，伴随着馈赠、努力防止打击或者要求无罪的礼物，但是太晚了。爱情的这种罪感和偿债结清了它与"父亲姓氏"的账，在器官快感补偿了自恋快感的时刻。爱情正是在同时被从阴茎意义的丧失方面(阉割)和偿债方面(谋杀的象征化)满足的时候制定了律法。

"性爱"取代了家长制吗？父亲的功能简化成了阴茎意义的象征化，它可以摆脱家长制及其宗教化身。与借助于通过对梦境真实修修补补来获取感发力量的艺术品一样，父亲的这一功能也可以借助基于世界真实的漂亮的科学数据来很好地完成。对于象征着身体真实的性爱来说也一样。殊途同归，精神分析，作为爱情实验室的变体，同样具有象征功能。所有这些例子中，不管是科学家，还是艺术家、恋人、精神分析师都没有为了最终完成自己的作品而以父亲的面目示人，尽管他们的行为悄无声息地就倾覆了罗马城。

性爱脱离了父亲，尽管他还有利用价值：它为自己量身发明一个父亲出来，他产生于身体亲密接触的现实引发的焦虑。借助于他，不存在的不再是女人，而是这个父亲！恋人们没有决定过其爱情的创世的命运。他们毋宁说是被迫接受了它，因为家长制的价值衰落了。从前，他们相爱是随机的、多余的、碰运气的、梦里的特别是书本上的。从现在起，他们要掂量自己的本钱，它在后现代的交易所有很好的估值。

宗教叙事允诺了一个明天的救赎。但是，为什么必须要被宽恕或者祈求无辜呢？如果父亲偶像仅有这样救赎的功能，他的衰落宣告了一个没有救赎的世界的降临。后现代主体降生在一个没有怜悯的世界，不过也是让人放松的世界。博爱让位于一个由不会获得任何救赎的主体组成的社会，这可不是因为他们本来无辜，而是因为他们无法向任何人要求得到救赎。这是博爱的终结，救赎强迫的终结。

精神分析是新的宗教吗？

　　精神分析是"现代的"还是"后现代的"呢？它的初衷是现代性的：一种解放的理想激励着它。不过，精神分析疗法本身不是"现代的"，因为它并没有提供一种新的"世界观"。分析师的"临沙发"经验越长，他们明显越少反省自身对宗教或政治理想的信仰。这并非因为他们对此不感兴趣或者是早已转向了怀疑论或犬儒主义。这只是因为他们不再对自身神经症的治疗抱有期待。但是，精神分析与"后现代"俱乐部也不沾边，因为这种疗法有赖于幻觉：它的主体讲话都是条件式的。他自由虚构，用第一人称构建自己的家庭小说，作为自己行动的依靠。

　　只是如此一来，既然分析起作用事实上是三位一体的，那么我们是否可以说精神分析提供了一种新宗教呢？毋宁说它构成了无神论的一种特殊形式,这种形式并不拒绝宗教的真值。在弗洛伊德之前,这些宗教以颠倒的和神秘化的形式表现了无意识的不变量。弗洛伊德的无神论不否认宗教事实,它只是研究宗教事实的对应物,即无意识的谎言。弗氏把这种谎言看作压抑作用的日常表现形式。弗洛伊德的做法再次把虚构带给了精神的操作者。不管信仰显得多么神秘莫测,他都把它看作一种真实,病人的症状正是这一真实的表达。因为对某种神圣超验性的神秘化使得犯罪感根深蒂固,要怎样做才能做到心安理得? 这种罪感或许纯粹是幻觉,可是它的作用令人恐惧:它真会让人生病,无法入睡,时而狂躁,时而虚弱无力。

分析行为轻而易举地翻转了这种神圣的超验性。"比如说你吧,你过去崇拜圣母玛丽亚,一看到她的形象就情不自禁地战栗不已,你没有把这种虔敬感跟你独占母亲的童年愿望联系起来。你也没有把永恒之父的想法与你期望自己父亲能拥有的命运联系起来:你希望他无能,被放逐到天上! 一旦某一天,这种关系向你显露出来,过去是什么掩盖了乱伦的欲望,你的信仰就会萎缩成它的模样。"

精神分析为主体重建了一种在过去一直被宗教遮蔽的象征关系。一种一直是虚拟的象征关系通过它的阐发变成了现实的,不再具有任何神圣性,"不可企及之物"(*absconditum*)

和他的偶像同步宽恕清除了他的症状性垃圾。主体摆脱了父亲,虽然他还在利用他。族外婚的实用主义的无神论者,并不是说他不再有父亲了,只是他会根据自己的行为为自己发明一个出来。

精神分析一直是三元的,尽管它抬高了压抑,压低了信仰,它把大众叙事重新带回家庭传奇以及个人历史的维度之中。像科学一样,它不要求被信仰,而且与宗教相反,它不会让主体听命于某种神圣的超验性。恰恰相反,通过书写上帝与无意识之间的方程式,它低调地、和平地把主体从某种沉重的神化中解放出来。它在保持三元性的同时,揭示了一个与科学的主体一致无二的自我的主体,只不过是伤口愈合前的主体。结果就是主体地位相对于其理想的某种倒转,而后现代主义的概念同样反映了这种位置的改变。精神分析发现了后现代的主体。自然地,它并没有生产他,没有它,他也存在,这是科学的结果,精神分析本身是其一部分,但是它揭示了在怎样的条件下,一个主体"要求新生"。一个主体在他开始自我天使化的那一刻起诉求新生:不论什么分析疗程都说明了这一点。陈述者并不知道他将会说什么,更不知道这源源不断的想法来自何处。是"那个"在说,他只要顺其自然,消失在这些联想之后就好,而正是从这种严格设计、精心安排、数学的客观化深处,他作为主体逐渐浮现。他述说着自己的痛苦,希望能从那些塑造了他的事物中找到原因:他的家庭,生活的沧桑,他爱着的人们。不错吧,不是吗:无罪在它自己的推定中遭遇了自身的极限。人在否认有罪的同时,供认了自己有罪。

既没有停止梦想也没有停止幻想的主体,既然他现在有能力评估自己的世界,他这一转变的本质是什么? 主体的虚构继续孕育着科学,正是一直以来多亏了条件式,他的存在才得以确认。然而,幻觉的条件式现在颠覆了主体的立场。后现代主体翻了过来:他把话反着说,颠倒着说。在家长制的虚构占据统治地位的时代,条件式来自过去,主体努力从中推导出自己。① 他会说:"如果这事当初怎样怎样,那我可能就会怎样怎样"。现在,这个假设表现为完全不同的方式:"如果我做了这个那个,就会怎样怎样。"我们留意到主体地位有了一个翻转(从从属位变成了主位),主体不再是一个结果,而是即将发生的事情的绝对条件。我们还注意到了一种时态上的翻转,从条件式过去时变为了将来时。② 分析行为向科学主体

---

① 如果精神分析重拾家长制的火炬,它很可能会丧失自身治疗学特别是伦理学上的优点,即分娩一个既没有兄弟也没有救赎的主体。如果发生这样的事,它可能很快就会消亡,变成医学或者对旧式父亲充满怀旧之情的怀旧派的奴仆之一。

② 根据法语语法,将来时动词比条件式动词具有更大的确定性,发生的可能性大得多。——译注

的户头注入了精神分析的一个总体成果:它把条件式的过去形式转变成了将来形式。主体立场的翻转使所有句子变成了疑问式:颠倒随便一句话的词序,你会发现它马上就有了与当代人一模一样的悬置的不确定的特征。

后现代性翻转了主观的地位,主体以前是被自我的"理想"拉着向前走,现在的主体掉落在自己身上,深渊之上。理想的流亡滋养了一种说不出的孤独形式,呼唤着精神分析。这次翻转之前,自由只是一种情感,无意识的情感,一种在行动的那一刻令人陶醉的感情,但是这种自由行为并不知晓它的理由。自由只是理想的无意识,以理想的名义行动,它类似于一个令人兴奋的空洞词汇,只有在爆发大革命、思想大动荡或某个暴政倒台时例外。现在,理想突然消失,自由具有了一种令人焦虑的意味,一种被迫的、悖论的自由,是主体无路可退不情愿地成为自身的裁判的自由。

这个一直更抗拒传统政治的主体不是去政治的,至少因为它反对主人的言说。无论他是否了解这点,他的立场都干扰了城邦的主人。精神分析的特性在于揭示主体的独特性,它一直都很难得到认可,这不是一个偶然。弗洛伊德一直在尽可能地让他的发现获得科学的承认,就像其他的学科一样。一个多世纪过去了,精神分析一直备受争议,被一点点赶出了大学校园,或者被降低到医学附庸的行列。①

媒体上,人们会定期读到精神分析的讣告,从抵制行动步步为营的特点来看,一切都是深思熟虑的:主人需要沉默好把自己的兄弟当奴隶使唤。他不能忍受此事被广为所知,不能忍受他是出于纯粹的快感享用着自己的同类。如果被人了解这点,如果他本人了解这点,他的快感就会大为减少。他的快感只有以压抑为条件才是有效的。强加给别人的巨大痛苦对他的快感是有效的,因为另外的做法是可能的。可是不,最好是他的商业、金融、政治操作被认为是科学的。他依仗一种对于市场和永恒人类的法则的客观化。这些法则很适于掩盖他对邻人的快感。

因为分析性的言语发现了这个隐藏的、政治的机制,所以它是主人言语的反面。既然当前的主人说的是资本主义的话语,政治主体的首要行动将是反对他,即使他不再认可传统的博爱理念。

这个传统难道不是圣经的传统吗? 一个只鼓励内婚制的

① 弗洛伊德的创见遭到了不可避免的反对,也有了一些敌人,其中就有把马克思和弗洛伊德归为一类的卡尔·波普尔(K. Popper),不过他只能算一个苍白的配角。弗朗西斯·福山(Francis Fukuyama),他的主要著作《历史的终结》影响甚广,在最近的一次采访中,精神分析和"赤色宣传和劳改营"被放在了同一个抽屉里。与此草率论调配套的则是对通过百忧解(Prozac)治疗情绪问题的大肆吹捧。

传统:一个男子是儿子、兄弟或父亲,他只会为了创建一个新家才离开旧家。但是,任何主体都有别于一个儿子、兄弟、父亲,等等。不过,他过去对此尚不知情。后现代社会在完全无意的情况下产下了一个族外婚的主体,同时也是一个实际的无神论者。这并不是因为他不再有家庭或是他不想再组建一个。这毋宁是说家庭不再掌握着主体身份的秘密:他逃离了它,一如他逃离了自己。

弗洛伊德之前,未曾有人设想过一个不同于其身上所有家庭标签的、被其无意识欲望所分裂的主体。不过,即使弗洛伊德命名了这个当时尚未成形的主体,这并不意味着他将是一个躺在治疗椅上的孩子。精神分析自身源于科学的论说,后者违心地制造了这个顽强的主体,然后费尽心机地想把它隐藏起来。计算的极端客观化逼得主体走出藏身之处。他曾一直在那儿,却无人认出;弗洛伊德在对神经系统进行严谨的科学研究时①,纯属偶然地发现了他的存在。随之,他就把作为神经科医生写下的所有文字束之高阁,以专心倾听梦的话语。

---

① 他被自己的发现震惊得无暇去发表《科学心理学概论》,任由自己在神经生理学上花费的 20 年心血付诸东流。不过,他的这部手稿却得到了广泛的认可,一直都有人认为没有过时。

飞走吧,天使……

《旧约》希腊文版本的七十名译者用"天使"(angelos)来翻译希伯来文的"信使"(malakh):存在物中担负感应神意职能者,灵媒和神意的阐释者。旧约最早有三个大天使:米迦勒、加百列、拉斐尔,在他们后面是新旧约过渡期和启示录文学时期的不计其数的天使。在从人界到天界的中间地带,这些天使军以上帝之名与恶天使们作战,后者一般住在地球。他们的职责是揭示"不可企及之物"(absconditum)。这些战天使不同于我们的天使,更不同于我们变成的天使。

在《大奥秘》(*Mysterium magnum*)一书中,雅各·波梅①

① 雅各·波梅(Jacob Bohme, 1575—1624),文艺复兴时期德国神智学家。——译注

166

写道:上帝交给了最帅的天使路西法一个使命。但是路西法堕落了,上帝遂寄望于人类,因为人类最初和带光者①是同路人。亚当最终接受了重振被路西法和人类接二连三的堕落败坏殆尽的天使形象的重任。最后,人类苦苦等待着弥赛亚也就顺理成章了。

无论耶稣降临之前还是之后,伪弥赛亚一直层出不穷,他们都宣称最后审判即将到来。不过,很不幸,时间比被革出教门更有力地戳穿了他们的骗局。基督教伎俩的巧妙之处在于救世主宣称他的到来只是宣示了末日的开始,而最终的救赎要等待他再次归来,即耶稣再临的时候。在耶路撒冷犹太—基督教最初的几百年里,弥赛亚先知(*verus propheta*)一开始被看作天使之一,而不是上帝之子。天使基督(*Christos Angelos*)最有说服力的形象体现在大天使米-迦-勒身上,他是最像上帝的天使:米-迦-勒的意思正是肖-上-帝(*quis ut deus*)。他位列上帝右侧,最初三个世纪的天使基督论通过把他的特性赋予弥赛亚而得到了发展。

只是在这段时期之后,由于发生了一次全面的复古,它才被另一种说法取而代之,这就是圣父圣子一体论(*homo ousios*)。保罗教派因此战胜了雅克教派。信徒们不再期盼基督

---

① 指上帝。——译注

天使的再次归来(耶稣再临),救赎的意义彻底改变:从此以后,变成了努力从父亲(而不再是一个天使兄弟)处得到救赎。对这种新型救赎的期待就此为一个世界末日设定好了程序。它造成了历史的矢量化,一种人类进步的新理念问世。① 从此以后,人们期盼的拯救来自父亲,而不再是兄弟,它照亮了某种历史的未来的地平线,而天使的此在就在这个地平线上化为乌有。

几个世纪的现代性见证了宗教越来越世俗化。在此期间,某种弥赛亚的火花激励着发明家、百科全书派、研究者、哲学家、革命者。他们都致力于以自己的方式拯救世界。在此之前的世纪里,发明创新没有专有名词,拯救仅仅是为死后准备的。

然后,我们的数学时代到来了,这是一个父亲的永恒性失去其意义的时代:父亲身上发生了什么? 他不再是顶天立地的男子汉,他被放倒了,某种程度上已经匍匐于地,我们可以用这种放倒来代表他的世俗化。父亲被打倒在地,而且在兄弟之爱消失的历史时刻,雅克教派卷土重来了。对父亲的颠覆恢复了这个雅克教派的真理性,但这是有限的真理,只在父亲时代的终结(现代性)上经得起检验。因为一旦父亲被世俗

---

① 古代的时间概念是无限轮回的。

化,兄弟们也和他一同人间蒸发,与此同时,天使化身的时代到来了。这正是我们的时代。我们致力于把地球打造成天堂。我们致力于借助我们的武器(即科学)来完成自我的天使化。

科学的主体如同父亲一样强势:一个有效的方程式就算是上帝也不可能写得更好。一朝这个主体成熟,他就是得其所哉!他为这种造物主的疯狂付出代价,因为他作为儿子却扮演着父亲的角色。像一个神的父亲一样聪明,他必须为这个错误付出代价。在疗愈(suture)中,这个主体发明创造,完成了两倍于救世主的命运:首先,因为他正在为进步,(为世界末日)努力,其次,因为,以某种基督的方式,他在自我的行为中备受摧残。

在科学行为中,主体自我疗愈了,但他其实是从自我的消失中再生,他首先通过证明自己的假设消失了踪影。他从杀死他的东西中重生。这与领圣体仪式难道不是很相似吗?同样地,圣体饼使领圣体者认同于基督天使,认同于这个死去的兄弟,同样地,这个证明了自己假设的人消失了又再生,根据进步的救赎守恒定律。这样的进步在此吐露了它的源头:它把走向时间末日的路途世俗化了,把基督再临所昭示的最后审判日世俗化了。

对于那些对此一无所知、信仰着科学的数以百万计的人

169

们而言,发生了什么呢? 众天使重新获得了他们曾放弃的身体,基督再临由此完成,在他们毫不知情的情况下:某天早晨,他们醒来,失去了所有理想。他们看看镜子中的自己:一直都是那个人,尽管空虚从此常住此身。他们什么都不再相信。没人会想到一下子就有了数以百万计的天使。不管是你,还是我,都成了基督天使:我们对此一无所知。我们活着,仿佛从来没有过什么彼岸,仿佛我们已经抵达了彼岸。

天使们呈百万级数增加。他们就这样存在着,甚至比基督还要天真,因为他至少还怀疑过一次。① 而他们却从不抱怨父亲的缺席。他们从来没有感同身受过别人的痛苦,他们不会为了自己的兄弟而死,也不会被他们打,或者不如说,他们感觉不到那些打击。他们浑然不觉自己扮演着替罪羊的角色。这是些遗忘了基督的天使;这些人不是救世主。他们不传递任何信息,也没有任何特别的要求。他们到来,如此而已。

在《救赎的星辰》一书中,弗兰茨·罗森茨威格②写到,在最后审判的时刻,父亲应该也会得到宽恕。可是,这个乞求原

①　应该是指耶稣基督被钉死在十字架前的"天问":"我的神啊! 我的神啊! 您为什么离弃了我?"(见《圣经新约》,马太福音,27 章 46 节)——译注
②　罗森茨威格(Franz Rosenzweig, 1886—1929),德国犹太哲学家和科学家。——译注

谅的父亲是谁呢？他又要向谁乞求？这是一个行将就木的对着同类说话的父亲！一个父亲怎么可能被宽恕，既然儿子们只在他们自己也成为父亲时才认为他是有罪的？众天使不知道谁是基督，他们像儿子不认识父亲，而且不需要做出任何努力就可以不相信。为什么他们要这么做？他们现在就是梦想本身。作为天使，他们时时刻刻与自己的身体都是自洽的，在痛苦的时候如此，甚至在备受折磨、纹身、穿刺的时候也是如此。他们的身体进行着没有他们的斗争：厌食症，暴食症，毒品只不过在肉体之上划出了魔鬼一面的疆界而已，一旦越界，天使就会逐渐沉沦，甚至变为撒旦。

现在，每个主体都在自己的沙漠中承受着后现代快感的诱惑，自体客观化的快感的诱惑。天使正是在这里冷冰冰地等着他。正是在这里，他无论愿不愿意都必须面对出生的问题。天使再临不再是一个基督的事情，也不再是某几个救世主的事情。天使们在我们周围玩耍，身体充盈，没有过去和任何悬置的未来，即没有时间的终结。在我们每个人身上，天使都可能再现，带我们烧毁自身。如同坠入大气层的燃烧的流星，化身的天使立刻分裂成路西法和他。他的光芒，发自他燃烧的躯体，它在窸窸窣窣的振翅声中破茧而出。

和天使的战斗在继续：这只是一个新的渡口。雅各还经过了几个渡口?① 一直以来,在渡口的岸边,人们在没有后来的焦虑中将发明出没有后来,没有后来就是喜欢我们的虚无。你可能已经发现自己被这个套路压缩得微不足道,被这个社会巨大的体量衬托得极为渺小,你完全不了解它,而它却对你了如指掌。你可能相信自己是罪有应得,陷在商品的包围中,无力自拔,它们紧紧攥住你,让你变得和它们一样。可是不要,就算你自认一钱不值,那也是活生生的你。因为众口铄金,你就相信自己仅仅是基因和分子的结合。并非如此! 发号施令的是你,尽管你并不了解命令你的这个"你"的身份。

安吉鲁斯·西里修斯②在《小天使的朝圣》中写道:"这就是人性。你问何为人性? 我说:一词以蔽之,超天使性。"Angelus Silesius 的"超天使性"(*Überengelheit*)意味着人比天使更伟大。对天使而言,一切都是和平而且不言自明。对人而言,则恰恰相反,存在需要斗争和撕裂。

飞走吧,天使! 飞吧,弃我们于我们那幽暗的人性,它比你伟大多了!

---

① 《圣经·创世纪》(32:22—32):雅各返回迦南时在雅博渡口与天使角力。——译注

② 安吉鲁斯·西里修斯(Angelus Silesius,拉丁语,意为"西里西亚的使者"),又名约翰尼斯·安吉鲁斯(Johannes Angelus),生于 1624 年,死于 1677 年,德国诗人,神秘主义者。——译注

"轻与重"文丛（已出）

图书在版编目(CIP)数据

后现代性的天使/(法)热拉尔·波米耶著;秦庆林译.
--上海:华东师范大学出版社,2020
ISBN 978-7-5760-0419-9

Ⅰ.①后… Ⅱ.①热…②秦… Ⅲ.①心身问题—研究
Ⅳ.①B089

中国版本图书馆 CIP 数据核字(2020)第 077194 号

华东师范大学出版社六点分社
企划人 倪为国

轻与重文丛

后现代性的天使

主　　编　姜丹丹
著　　者　(法)热拉尔·波米耶
译　　者　秦庆林
责任编辑　徐海晴
责任校对　王　旭
封面设计　姚　荣

出版发行　华东师范大学出版社
社　　址　上海市中山北路 3663 号　邮编　200062
网　　址　www. ecnupress. com. cn
电　　话　021－60821666　行政传真　021－62572105
客服电话　021－62865537
门市(邮购)电话　021－62869887
地　　址　上海市中山北路 3663 号华东师范大学校内先锋路口
网　　店　http://hdsdcbs. tmall. com

印　刷　者　上海盛隆印务有限公司
开　　本　787×1092　1/32
印　　张　6
字　　数　81 千字
版　　次　2020 年 6 月第 1 版
印　　次　2020 年 6 月第 1 次
书　　号　ISBN 978-7-5760-0419-9
定　　价　58. 00 元

出　版　人　王　焰

(如发现本版图书有印订质量问题,请寄回本社客服中心调换或电话 021－62865537 联系)